法人税実務の新基軸

寄附金

著 藤曲武美

1

税務経理協会

＃　はしがき

　わが国における法人税の寄附金制度は特異な制度である。法人税の寄附金の範囲は，通常，用いられる「寄付」の用語とは大きく異なり，相当に広範囲で，独特なものである。法人税の寄附金の意義・特徴についてはおよそ次のようにいわれている。

1　無償性・非対価性

　寄附金とは民法上の贈与に限られるものでなく，経済的にみて贈与と同視し得る金銭その他の資産の譲渡又は経済的利益の供与をいい，金銭その他の資産又は経済的な利益を対価なく他に移転することを意味する。

2　事業との関連性の有無

　寄附金の意義については，事業との関連性の有無を基準として，事業との関連性がないものを寄附金とする説や，逆に法人税の寄附金は事業に何らか関連するものであるとする説が存するが，寄附金の損金算入限度額計算の趣旨が，個別に寄附金の事業関連性を判断することの困難性から設けられていることを考慮すると，法人税の寄附金は，事業の関連性の有無に関わらず，直接的な対価を伴わない支出をいう。

3　贈与の意思，差額の認識の有無

　寄附金に該当するかどうかは，経済的な効果が，贈与と同視し得るものであればよく，必ずしも，贈与者が贈与の意思を有していたことを必要とせず，時価との差額を認識していたことも必要としない。

4　合理性の要件

　寄附金とは，上記のように金銭その他の資産又は経済的な利益を対価なく他に移転することであるが，対価なく他に移転するものであっても，そのことについて通常の経済取引として是認することのできる合理的な理由が存するものは寄附金から除外される。

　このような法人税の寄附金の独特な位置付けから，法人税の寄附金税制は，法人税法第22条第2項の無償取引規定とセットで用いられることにより，関

係会社間等での取引による利益移転を防止する機能も果たしている。

　また，原則として対価のない取引は寄附金の範囲に含まれることから，子会社等支援損失の取扱い，資本等取引，交際費，役員給与との区分などが問題になる。最近では海外取引をめぐって寄附金税制の適用が多発している問題もある。さらには，グループ法人税制，連結納税制度における寄附金の取扱い，通常の用語の意味である国等，特定の公益団体への「寄付」の取扱いなどの様々の問題がある。

　本書は，これらの法人税の寄附金をめぐる諸問題について，法人税上の取扱の留意点等を重要な裁判例等の紹介も交えて，整理，検討したものである。

　本書がわが国独特の制度である法人税の寄附金税制を理解する助けになれば幸いである。

　最後に，本書の刊行にあたって，企画，編集にご尽力いただいた税務経理協会の小林規明氏に感謝の意を表したい。

平成28年3月

藤曲　武美

目　次

はしがき

第1部　総論

第1章　寄附金規定の概要 —— 2

第2章　寄附金の損金不算入制度の趣旨 —— 13
Ⅰ　寄附金の損金不算入制度の概要 ………………… 13
Ⅱ　寄附金の損金不算入制度の趣旨 ………………… 14
　1　国庫による寄附金負担の防止 ………………… 14
　2　事業関連性の形式的擬制 ………………… 15

> 裁判例　寄附金の損金不算入制度の趣旨(1)
> 　　　　（名古屋地判平成4年11月27日） ……… 16

> 裁判例　寄附金の損金不算入制度の趣旨(2)
> 　　　　（東京地判平成19年9月27日） ……… 16

Ⅲ　「業務関連性基準」を設けることの困難性とは ………… 17
　1　法令での規定が困難か ………………… 17
　2　困難な理由とは ………………… 18
Ⅳ　法人税法第37条の他の規定の趣旨について ………… 21

第3章 法人税法の寄附金の意義と範囲 ──────── 22

Ⅰ 寄附金の広範性 ……………………………………………… 22

> 裁判例 ── 寄附金の広範性
> （東京高判平成26年6月12日） ……… 23

Ⅱ 寄附金の意義・範囲と事業関連性 ………………………… 24
1 非事業関連説 …………………………………………… 24
2 事業関連説 ……………………………………………… 24
3 非 対 価 説 ……………………………………………… 25

> 裁判例 ── 寄附金と事業関連性・非対価説
> （大阪高判昭和53年3月30日） ……… 26

Ⅲ 低額譲渡と寄附金の意義 …………………………………… 27

> 裁判例 ── 低額譲渡等の「実質的に贈与等」の意味
> （大阪地判昭和58年2月8日） ……… 28

Ⅳ 高額譲渡と寄附金の意義 …………………………………… 29

> 裁判例 ── 高額譲渡と寄附金
> （福岡高判平成11年2月17日） ……… 29

Ⅴ 法人税の寄附金の該当要件 ………………………………… 30
1 無償性の要件 …………………………………………… 30
2 合理性の要件 …………………………………………… 31

Ⅵ 寄附金と除外費用等 ………………………………………… 31

第4章 寄附金規定の沿革 ──────── 33

Ⅰ 寄附金に関する制限規定（臨時租税措置法）の創設 …… 33
1 損金算入の制限規定 …………………………………… 33
2 規定が設けられた趣旨 ………………………………… 33
3 規定の概要 ……………………………………………… 34

Ⅱ 法人税法本法への移行 ……………………………………… 35

Ⅲ 指定寄附金，試験研究法人に対する寄附金の明確化 …… 35

Ⅳ 昭和38年整備答申における寄附金制度の明確化 ………… 36

目　次

　Ⅴ　昭和40年法人税法全文改正と寄附金規定 ………………………………… 37
　Ⅵ　昭和41年〜昭和62年まで ……………………………………………………… 38
　Ⅶ　昭和63年改正により「特定公益増進法人に対する寄附金」に改組 ‥ 38
　Ⅷ　平成元年〜平成10年までの改正 …………………………………………… 38
　Ⅸ　平成14年連結納税制度の導入に伴う整備 ……………………………… 39
　Ⅹ　平成18年利益処分により支出した寄附金に関する規定の削除 …… 40
　Ⅺ　特定公益増進法人に対する寄附金の損金算入限度額の拡充 ………… 40
　　1　特定公益増進法人の損金算入限度額の拡充 ……………………………… 40
　　2　特定公益増進法人の範囲の見直し ………………………………………… 41
　　3　公益社団法人，公益財団法人に係る改正 ………………………………… 41
　Ⅻ　グループ法人税制の導入 …………………………………………………… 41
　XIII　損金算入限度額の改正 ……………………………………………………… 41

第2部
個別論点

第1章　法人税法第22条2項と寄附金 ─── 44
　Ⅰ　第22条第2項と寄附金課税制度（限定説と無限定説）……………… 44
　　1　限　定　説 ……………………………………………………………… 44
　　2　無　限　定　説 ………………………………………………………… 45

	法人税法第22条第2項の無償取引と限定説	
裁判例	（大阪高判昭和53年3月30日）	…… 46

　Ⅱ　第22条第2項と寄附金課税制度による利益移転防止機能 ………… 46
　　1　単なる贈与による利益移転の場合 ……………………………………… 46
　　2　無償の資産の譲渡による利益移転 ……………………………………… 47
　　3　無償の役務提供による利益移転 ………………………………………… 48
　Ⅲ　第22条第2項と寄附金課税の問題点 …………………………………… 49
　　1　利益移転の防止機能のバラツキ ………………………………………… 49
　　2　無償による役務提供の場合の問題点 …………………………………… 51

3

3　著しい二重，三重課税 ································· 53
　Ⅳ　問題点の打開策（グループ法人税制の創設） ················· 54
　Ⅴ　今後の課題 ··· 56
　　1　二次調整の問題点 ····································· 56
　　2　実態に即した資本取引の認定 ··························· 56
　　3　グループ法人税制の適用範囲 ··························· 57

第2章　子会社整理・再建支援と寄附金 ─────────── 58

　Ⅰ　子会社整理・再建支援に伴う損失負担等と寄附金課税 ········· 58
　　1　債権放棄等と寄附金課税 ······························· 58
　　2　法人税基本通達9－4－1，9－4－2の趣旨 ············ 59

> 裁判例　法人税基本通達9－4－1，9－4－2の趣旨 ········ 59
> 　　　　（東京地判平成19年6月2日）

　Ⅱ　法人税基本通達9－4－1，9－4－2の基本的考え方 ········ 60
　　1　貸倒損失との関係 ····································· 60
　　2　法人税基本通達9－4－1，9－4－2と条文の解釈方法 ····· 61

> 裁判例　かっこ書きの除外費用とする解釈 ········ 62
> 　　　　（東京地判平成19年6月12日）

> 裁判例　正常な取引条件に従って行われたものとする解釈 ········ 63
> 　　　　（東京地判平成4年9月24日）

　　3　債権放棄等が寄附金に該当するか否かの要件 ··············· 64

> 裁判例　債権放棄等の支援損の寄附金非該当要件 ········ 64
> 　　　　（大阪高判平成17年2月18日）

　　4　要件の具体化 ··· 65
　　5　経営危機等の判断の厳格性 ····························· 67

> 裁判例　債権放棄額を寄附金の額とした事例 ········ 68
> 　　　　（東京地判平成19年6月12日）

> 裁判例　危機的状況が切迫した状態にまでは至っていないとされた事例 ········ 69
> 　　　　（東京高判平成4年9月24日）

Ⅲ　企業再生の方法 ………………………………………………… 69

第3章　資本等取引と寄附金課税 ―――――――――――――― 71
　Ⅰ　第三者有利発行増資と寄附金課税 …………………………… 71
　　1　第三者有利発行増資の課税関係（通常の場合）…………… 71
　　2　第三者有利発行増資の課税関係で寄附金課税が問題となる場合 … 74
　Ⅱ　著しい不利発行増資と寄附金課税 …………………………… 75
　　1　不利発行増資の課税関係（通常の場合）…………………… 76
　　2　著しい不利発行増資で高額部分を寄附金とした事例 …… 76
　Ⅲ　自己株式の取得と寄附金課税 ………………………………… 79
　　1　自己株式の性格 ………………………………………………… 79
　　2　自己株式の取得の処理（通常の時価取得の場合）………… 79
　　3　自己株式の取得の処理（低額譲渡の場合）………………… 80
　　4　低額譲渡の場合のいくつかの疑問点 ………………………… 81
　　5　平成18年改正前の株式消却による譲渡対価の認識 ……… 84
　Ⅳ　資本等取引と寄附金課税 ……………………………………… 86

第4章　交際費等と寄附金課税 ―――――――――――――― 87
　Ⅰ　交際費等の意義と寄附金課税 ………………………………… 87
　　1　交際費等の意義等 ……………………………………………… 87
　　2　寄附金の意義・範囲 …………………………………………… 89
　　3　寄附金課税と交際費課税の区分・接点等 …………………… 91
　　4　寄附金課税と交際費課税の実務上の効果 …………………… 93
　Ⅱ　寄附金課税からみた萬有製薬事件 …………………………… 93
　Ⅲ　寄附金課税からみたオリエンタルランド事件 ……………… 95
　Ⅳ　若干の裁決例の検討 …………………………………………… 98
　　1　神社への高額な寄附金 ………………………………………… 98
　　2　医療法人への医療協力報酬 …………………………………… 99
　　3　学校法人へ支払った金員 ……………………………………… 100

5

第5章　役員給与と寄附金課税 ─────────── 101
Ⅰ　給与と寄附金課税 ………………………………………… 101
1　法人が寄附金と処理したものが給与とされる場合 ……… 101
2　法人が給与と処理したものが寄附金とされる場合 ……… 102
Ⅱ　役員個人が負担すべき寄附金 ……………………………… 102
1　法人税基本通達9－4－2の2 ……………………………… 102
2　役員給与か寄附金かの課税上の相違点 …………………… 103
3　寄附主体の事実認定 ………………………………………… 104
4　事実認定の困難さと行為計算否認規定 …………………… 106
5　裁判例等の概要 ……………………………………………… 106
Ⅲ　出向等に伴う給与負担金 …………………………………… 108
1　出向先の給与負担金が出向者給与額を超える場合 ……… 108
2　給与の較差補填 ……………………………………………… 108
3　出向者に対する較差補填の例 ……………………………… 110
4　較差補填以外の給与負担金の例 …………………………… 112
5　出向等に伴う退職給与負担金 ……………………………… 113

第6章　グループ法人税制と寄附金課税 ─────────── 114
Ⅰ　グループ法人税制の導入 …………………………………… 114
1　グループ法人税制の概要 …………………………………… 114
2　グループ法人税制の趣旨 …………………………………… 115
Ⅱ　100％グループ内寄附金税制の趣旨 ……………………… 116
1　制度の趣旨 …………………………………………………… 116
2　グループ法人税制の基本的考え方の問題点 ……………… 117
3　一段階説からのアプローチ ………………………………… 118
Ⅲ　グループ法人税制における寄附金課税の内容 …………… 119
1　受贈益の益金不算入・寄附金の損金不算入 ……………… 119
2　対象となる取引，法人による完全支配 …………………… 120
3　対応的調整 …………………………………………………… 122

4　寄附金と他の費用との区分 …………………………………122
　　5　処理の概要 ……………………………………………………123
　　6　寄附修正事由と簿価修正 ……………………………………124

第7章　移転価格税制と寄附金 ─────────────── 128
　Ⅰ　移転価格税制と寄附金の関連性 …………………………………128
　　1　移転価格税制の概要 …………………………………………128
　　2　措置法第66条の4第3項の趣旨 ……………………………129
　Ⅱ　本規定と移転価格税制の適用関係の諸説 ………………………131
　　1　寄附金規定(法法37)の第7項，第8項に対応して区分する説 …131
　　2　贈与の意思が明確なものに限定する説 ……………………132
　　3　移転価格税制（措法66の4①，④）の優先適用説 …………132
　　4　通常の寄附金と同様に考える説 ……………………………132
　　5　実務上の考え方 ………………………………………………134
　Ⅲ　国外関連者に対する寄附金処理の具体例 ………………………135
　　1　【事例1】の国外関連取引の概要等 …………………………136
　　2　【事例1】の移転価格税制上の取扱い ………………………136
　　3　【事例2】の国外関連取引の概要等 …………………………136
　　4　【事例2】の移転価格税制上の取扱い ………………………137
　　5　本規定適用と移転価格税制の適用関係について …………137
　Ⅳ　本規定の適用関係のまとめ ………………………………………138
　Ⅴ　海外子会社の支援業務等と寄附金課税 …………………………139
　　1　簡易な移転価格調査 …………………………………………139
　　2　本社による支援業務と寄附金 ………………………………139
　Ⅵ　そ　の　他 …………………………………………………………143
　　1　寄附金処理と相互協議等 ……………………………………143
　　2　法人税法の時価と独立企業間価格 …………………………144

第8章 連結納税と寄附金 ——————————————— 145
I 平成22年度税制改正前の制度と改正 ・・・・・・・・・・・・・・・・・・・・・ 145
1 平成22年度税制改正前の制度 ・・・・・・・・・・・・・・・・・・・・・・・・・ 145
2 平成22年度税制改正の内容 ・・・・・・・・・・・・・・・・・・・・・・・・・・ 146
II 連結納税制度における寄附金の額 ・・・・・・・・・・・・・・・・・・・・・・・ 151
1 寄附金の額の範囲 ・・・・・・・・・・・・・・・・・・・・・・・・・・・・・・・・・・ 151
2 寄附金の額の種類 ・・・・・・・・・・・・・・・・・・・・・・・・・・・・・・・・・・ 151
III 連結納税制度における寄附金の損金算入限度額計算 ・・・・・・・・ 152
1 国等に対する寄附金 ・・・・・・・・・・・・・・・・・・・・・・・・・・・・・・・・ 152
2 一般寄附金の損金算入限度額計算 ・・・・・・・・・・・・・・・・・・・・ 152
3 特定公益増進法人等に対する寄附金の損金算入限度額計算 ・・・ 153
IV 寄附金の損金算入限度額の個別帰属額 ・・・・・・・・・・・・・・・・・・・ 153
1 寄附金の損金不算入額の個別帰属額 ・・・・・・・・・・・・・・・・・・・ 153
2 計 算 例 ・・ 154

第9章 国等に対する寄附金・指定寄附金 ——————— 157
I 国又は地方公共団体に対する寄附金・指定寄附金の全額損金算入 ・・ 157
1 国又は地方公共団体に対する寄附金・指定寄附金の全額損金
算入 ・・ 157
2 全額損金算入の趣旨 ・・・・・・・・・・・・・・・・・・・・・・・・・・・・・・・・ 158
3 申告書記載要件等 ・・・・・・・・・・・・・・・・・・・・・・・・・・・・・・・・・・ 159
II 国等に対する寄附金の意義と範囲 ・・・・・・・・・・・・・・・・・・・・・・・ 159
1 国等に対する寄附金の意義 ・・・・・・・・・・・・・・・・・・・・・・・・・・ 159
2 繰延資産になるものの除外 ・・・・・・・・・・・・・・・・・・・・・・・・・・ 161
3 固定資産の取得に関連して支出する国等に対する寄附金 ・・・ 162
4 宅地開発等に際して支出する開発負担金等 ・・・・・・・・・・・・・・ 163
5 国等に対する寄附金で個人の負担すべき寄附金 ・・・・・・・・・・・ 165
6 協賛金と広告宣伝費 ・・・・・・・・・・・・・・・・・・・・・・・・・・・・・・・・ 165
7 資産を帳簿価額により寄附した場合の申告書記載要件 ・・・・・・ 166

Ⅲ　指定寄附金の意義と範囲 ……………………………………… 167
　　　1　指定寄附金の意義 ………………………………………………… 167
　　　2　指定寄附金の審査事項 …………………………………………… 167
　　　3　指定寄附金の具体例 ……………………………………………… 168

第10章　特定公益増進法人等に対する寄附金・みなし寄附金 ―― 171
　　Ⅰ　特定公益増進法人に対する寄附金の特別損金算入限度額計算 …… 171
　　　1　特定公益増進法人に対する寄附金の特別損金算入限度額 ……… 171
　　　2　特定公益増進法人に対する寄附金の特別損金算入限度額の計算 … 172
　　　3　明細書の添付，書類の保存 ……………………………………… 172
　　　4　公益法人等が支出した寄附金の額への不適用 ………………… 173
　　Ⅱ　特定公益増進法人に対する寄附金の意義等と範囲 ……………… 173
　　　1　特定公益増進法人に対する寄附金の取扱いの趣旨 …………… 173

裁判例	特定公益増進法人に対する寄附金の特別損金算入限度額の趣旨 （名古屋地判平成 4 年11月27日） …… 174

　　　2　特定公益増進法人に対する寄附金の意義 ……………………… 174
　　　3　認定NPO法人に対する寄附金 ………………………………… 177
　　　4　認定特定公益信託に対する寄附金 ……………………………… 178
　　Ⅲ　公益法人等のみなし寄附金 …………………………………… 179
　　　1　公益法人等のみなし寄附金の意義 ……………………………… 179
　　　2　公益社団法人等の寄附金の損金算入限度額の特例計算 ……… 179
　　　3　認定NPO法人におけるみなし寄附金の適用 ………………… 182

補　章　企業版ふるさと納税 ―――――――――――――――― 183
　　Ⅰ　企業版ふるさと納税の創設 …………………………………… 183
　　Ⅱ　企業版ふるさと納税の概要 …………………………………… 184
　　　1　地方税における税額控除 ………………………………………… 184
　　　2　法人税における税額控除 ………………………………………… 185
　　Ⅲ　税額控除計算の基本的仕組み ………………………………… 186

索　引 ·· 189

第1部

総論

第1部 総　論

第1章
寄附金規定の概要

　法人税法第37条の寄附金規定の概要と基本的内容について，まず確認する。

─第1項─

> 　内国法人が各事業年度において支出した寄附金の額（次項の規定の適用を受ける寄附金の額を除く。）の合計額のうち，その内国法人の当該事業年度終了の時の資本金等の額又は当該事業年度の所得の金額を基礎として政令で定めるところにより計算した金額を超える部分の金額は，当該内国法人の各事業年度の所得の金額の計算上，損金の額に算入しない。

　第1項は，法人が支出した一般の寄附金の額については，一定のものを除き，法人の損金算入限度額を超える部分の金額は，損金の額に算入しないとしている。損金算入限度額は，その計算式が施行令で定められており，普通法人の「資本金等の額」と「所得の金額」を基礎として一定の計算方法により計算した金額とされている（法令73）。また，資本を有しない法人や公益法人等については，主に所得基準により計算することとされている。

　現行法の第1項に相当する規定は，平成18年度改正前までは，第3項に規定されていたが，平成18年度改正により，改正前の第1項が削除されて第1項になった。

　平成18年度改正前の第1項では，法人が支出した寄附金の額のうち，「確定した決算において利益又は剰余金の処分による経理（利益積立金額をその支出

した寄附金に充てる経理を含む）をしたときは」，国等に対する寄附金等を除き，その利益処分により支出した寄附金の額は損金の額に算入しないという規定であった。これは，法人が利益処分により支出したと経理したものは，法人が自ら損金性を否定していることから，損金の額に算入しないということを定めた規定であった。ところが，平成17年会社法の制定により，株式会社の財産を処分する「剰余金の処分」はできないことになった（会社法452）[1]。この会社法の制定で，「利益処分による寄附金の支出」について定める前提がなくなったため，法人税法で対応するその規定を削除したものである。同様な趣旨で法人税法で削除された規定には，利益処分による使用人分賞与の損金不算入（平成18年度改正前法法35③），役員退職給与の損金経理要件（平成18年度改正前法法36）などがある。

この損金不算入規定の趣旨等については，別途に検討する（第1部第2章参照）。

第2項

> 内国法人が各事業年度において当該内国法人との間に完全支配関係（法人による完全支配関係に限る。）がある他の内国法人に対して支出した寄附金の額（第25条の2（受贈益の益金不算入）又は第81条の3第1項（第25条の2に係る部分に限る。）（個別益金額又は個別損金額の益金又は損金算入）の規定を適用しないとした場合に（当該他の内国法人の各事業年度の所得の金額又は各連結事業年度の連結所得の金額の計算上益金の額に算入される第25条の2第2項に規定する受贈益の額に対応するものに限る。）は，当該内国法人の各事業年度の所得の金額の計算上，損金の額に算入しない。

第2項は，平成22年度税制改正で設けられたいわゆる「グループ法人税制」の1項目として設けられた規定である。グループ法人税制は，100％の完全支配関係のある法人間の取引においては，損失・利益（課税関係）を生じさせな

---

[1] 会社法第452条「株式会社は，株主総会の決議によって，損失の処理，任意積立金の積立てその他の剰余金の処分（前目に定めるもの及び剰余金の配当その他株式会社の財産を処分するものを除く。）をすることができる。この場合においては，当該剰余金の処分の額その他の法務省令で定める事項を定めなければならない。」

いという考え方に基づいて創設された制度で，本規定のほかに次の様な規定が設けられている。

① 完全支配関係がある法人間の資産の譲渡損益の繰延措置（法法61の13）
② 完全支配関係があった他の内国法人の株式等（完全子法人株式等）に係る配当等の額については，負債利子控除を適用することなく，その全額を益金不算入とする措置（法法23①，⑤）
③ 現物分配に係る資産の譲渡損益の計上を繰り延べる措置（法法2十二の十五，62の5③）
④ 完全支配関係がある内国法人の株式を発行法人に対して譲渡するなどの場合に，譲渡損益を繰り延べる措置（法法61の2⑯，法令8①十九）など。

グループ法人税制においては，完全支配関係にある法人間の取引においては，損失・利益（課税関係）を生じさせないという考え方に基づいていることから，寄附金の額を支出した側では，損金算入限度額の計算（法法37①）の規定を適用せずに，その全額を損金の額に算入しないことにする。また，寄附金の額を受ける側の法人においては，その全額を益金の額に算入しないことにする（法法25の2①）。したがって，この第2項の適用を受ける寄附金の額は，第25条の2第2項に規定する受贈益の額に対応するものに限られる。

この法人による完全支配関係にある法人間の寄附金の全額損金不算入の規定の適用がある場合は，寄附修正事由に基づく株式等の帳簿価額の調整が必要になる（法令9①七，119の3⑧）（100％グループ法人税制における寄附金の取扱いについては第2部第6章，連結納税における寄附金の取扱いについては第8章参照）。

第3項

第1項の場合において，同項に規定する寄附金の額のうちに次の各号に掲げる寄附金の額があるときは，当該各号に掲げる寄附金の額の合計額は，同項に規定する寄附金の額の合計額に算入しない。
一 国又は地方公共団体（港湾法（昭和25年法律第218号）の規定による港務局を含む。）に対する寄附金（その寄附をした者がその寄附によって設けられた設備を専属的に利用することその他特別の利益がその寄附をした者に及

> ぶと認められるものを除く。）の額
> 二　公益社団法人，公益財団法人その他公益を目的とする事業を行う法人又は団体に対する寄附金（当該法人の設立のためにされる寄附金その他の当該法人の設立前においてされる寄附金で政令で定めるものを含む。）のうち，次に掲げる要件を満たすと認められるものとして政令で定めるところにより財務大臣が指定したものの額
>   イ　広く一般に募集されること。
>   ロ　教育又は科学の振興，文化の向上，社会福祉への貢献その他公益の増進に寄与するための支出で緊急を要するものに充てられることが確実であること。

　第3項は，国，地方公共団体に対する寄附金，及び財務大臣による指定寄附金の額については，第1項の寄附金の損金算入限度額計算の対象となる寄附金の額の合計額から除外することを規定している。要するにこれらの寄附金については，その全額を損金の額に算入することを定めている。国等に対する寄附金，指定寄附金が，一般の寄附金と異なり，全額損金の額に算入される理由は，国等に対する寄附金は寄附金が税によって負担されるという弊害がない点や公益の増進に緊急に要する指定寄附金の奨励という政策的目的による。

　第9項で定められているように，確定申告書に明細書の記載，添付が必要であり，それに記載された金額を限度として，損金の額に算入される（第2部第9章参照）。

第1項

> 　第1項の場合において，同項に規定する寄附金の額のうちに，公共法人，公益法人等（別表第二に掲げる一般社団法人及び一般財団法人を除く。以下この項及び次項において同じ。）その他特別の法律により設立された法人のうち，教育又は科学の振興，文化の向上，社会福祉への貢献その他公益の増進に著しく寄与するものとして政令で定めるものに対する当該法人の主たる目的である業務に関連する寄附金（前項各号に規定する寄附金に該当するものを除く。）の額があるときは，当該寄附金の額の合計額（当該合計額が当該事業年度終了の時の資本金等

> の額又は当該事業年度の所得の金額を基礎として政令で定めるところにより計算した金額を超える場合には，当該計算した金額に相当する金額）は，第1項に規定する寄附金の額の合計額に算入しない。ただし，公益法人等が支出した寄附金の額については，この限りでない。

　第4項は，特定公益増進法人に対する寄附金の額については，第1項の寄附金の損金算入限度額の計算対象となる寄附金の額の合計額から除外することを定めている。ただし，第1項の寄附金の額の合計額から除外する金額は，国等に対する寄附金，指定寄附金と異なり，その全額ではなく，次の算式で計算した金額を限度としている。

① 普通法人，協同組合等，人格のない社団等

$$\text{事業年度終了時の資本金等の額} \times \frac{3.75}{1,000} + \text{その事業年度の所得金額} \times \frac{6.25}{100}$$

② 上記の普通法人等のうち資本又は出資を有しないもの

$$\text{その事業年度の所得の金額} \times \frac{6.25}{100}$$

　この規定の趣旨は，特定公益増進法人の主たる目的である業務の公益性が高いことを考慮し，かかる寄附金を政策的に奨励する趣旨によるものと考えられる。そのため，本規定の対象となる寄附金の額は，「当該法人の主たる目的である業務に関連する寄附金」の額に限定されている（第2部第10章参照）。

第5項

> 　公益法人等がその収益事業に属する資産のうちからその収益事業以外の事業のために支出した金額（公益社団法人又は公益財団法人にあっては，その収益事業に属する資産のうちからその収益事業以外の事業で公益に関する事業として政令で定める事業に該当するもののために支出した金額）は，その収益事業に係る寄附金の額とみなして，第一項の規定を適用する。

　第5項は，公益法人等がその収益事業に属する資産のうちからその収益事業以外の事業のために支出した金額は，その収益事業に係る一般の寄附金の額と

みなして，寄附金の損金算入限度額の規定を適用すると定めている。

　公益法人等の収益事業に属する資産から収益事業以外の事業のために支出した金額は，同一法人内での資産の移転に過ぎないことから，内国法人が外部の法人等に支出した金額を前提としている寄附金の額には該当しないといえる。しかし，公益法人においては，収益事業に係る取引，資産，負債等と収益事業以外に係る取引，資産，負債等を区分して経理し，収益事業に係る所得金額について法人税を課税することとしていることから，収益事業に属する資産を収益事業以外の資産に移転することは，外部に支出した寄附金とみなすこととしたものである。

　この規定の趣旨は，公益法人等が行う収益事業は，公益法人等の公益事業の経費を補填し，公益事業を維持するためのものである場合が多いことから，収益事業から公益事業に支出した金額を寄附金の額とみなすことにしている。

　例えば，公益社団法人又は公益財団法人にあっては，その収益事業に属する資産のうちからその収益事業以外の事業で公益に関する事業（公益目的事業）に該当するもののために支出した金額は，その収益事業に係る一般の寄附金の額とみなし，その損金算入限度額は次の算式で計算する（法令73①三イ）。

　その事業年度の所得の金額×50／100（公益社団法人等の公益法人特別限度額がこの金額を超える場合は当該公益法人特別限度額とする）（第2部第10章参照）。

　以上のように収益事業に係るみなし寄附金の損金算入限度額計算を行うことにより，収益事業に係る所得金額を減額し，公益事業資金を補填する部分については，できるだけ法人税等の課税が生じないようにしている。

―第6項―

　内国法人が特定公益信託（公益信託ニ関スル法律（大正11年法律第62号）第1条（公益信託）に規定する公益信託で信託の終了の時における信託財産がその信託財産に係る信託の委託者に帰属しないこと及びその信託事務の実施につき政令で定める要件を満たすものであることについて政令で定めるところにより証明がされたものをいう。）の信託財産とするために支出した金銭の額は，寄附金の

> 額とみなして第1項，第4項，第9項及び第10項の規定を適用する。この場合において，第4項中」）の額」とあるのは，」）の額（第6項に規定する特定公益信託のうち，その目的が教育又は科学の振興，文化の向上，社会福祉への貢献その他公益の増進に著しく寄与するものとして政令で定めるものの信託財産とするために支出した金銭の額を含む。）」とするほか，この項の規定の適用を受けるための手続に関し必要な事項は，政令で定める。

　第6項は，特定公益信託に該当する信託の信託財産とするために支出した金額は，寄附金の額とみなして，第1項，第4項等を適用すると定めている。

　公益信託は，委託者の権利が全くなくなるものではなく，信託として委託者と別個の法人格が認められるものでもないことから，委託者が委託者以外の者に支出した寄附金とすることには疑問がある。しかし，公益信託の信託財産について委託者が利益を享受することがなく，公益の活動の推進に資するものである場合には，公益活動に対する民間活力の導入を促進する観点から，寄附金とみなして公益法人等に対する寄附金と同様の取扱いにした。

　特定公益信託には，次の2種類がある。

【特定公益信託】

　次の要件を満たすものであることが明らかであり，そのことについて主務大臣の証明を受けたもの

① 信託終了の時における信託財産がその委託者に帰属しないこと
② 信託契約は合意による終了ができないものであること
③ 出捐する財産が金銭に限られていること等
④ 信託銀行等が受託者であること

【認定特定公益信託】

　特定公益信託のうち，教育又は科学の振興，文化の向上，社会福祉への貢献その他公益の増進に著しく寄与する信託目的を有するものであること及びその目的に関し相当と認められる業績が持続できることについて主務大臣の認定を受け，かつ，その認定を受けた日の翌日から5年を経過していないものをいう。

上記(1)の特定公益信託に係る信託財産とするための支出は一般の寄附金とみなされ，認定特定公益信託に係る信託財産とするための支出は第4項の特定公益増進法人に対する寄附金とみなされる。

　信託銀行等が事務・管理し，委託者に帰属することがないことから寄附金とし，認定特定公益信託に該当する場合は，第4項の特定公益増進法人に対する寄附金と実質的には同じであるとみなす。

├─ 第7項 ─┤

> 　前各項に規定する寄附金の額は，寄附金，拠出金，見舞金その他いずれの名義をもってするかを問わず，内国法人が金銭その他の資産又は経済的な利益の贈与又は無償の供与（広告宣伝及び見本品の費用その他これらに類する費用並びに交際費，接待費及び福利厚生費とされるべきものを除く。次項において同じ。）をした場合における当該金銭の額若しくは金銭以外の資産のその贈与の時における価額又は当該経済的な利益のその供与の時における価額によるものとする。

　第7項は，寄附金の額の意義について定めている。寄附金の意義に関する法規定は，昭和40年の法人税の全文改正までは設けられておらず，平成40年の法人税法の全文改正において，初めて設けられた。本項は寄附金の額について，「広告宣伝及び見本品の費用その他これらに類する費用並びに交際費，接待費及び福利厚生費とされるべきものを除く」としていることから，これらの通常の明らかな営業経費を除いたものであるとしている。その上で，「金銭その他の資産又は経済的な利益の贈与又は無償の供与」をした場合のその金銭の額，資産のその贈与時の時価又は経済的な利益のその供与時の時価を寄附金の額とするとしている。本規定の寄附金の意義については，法人の事業との関連性の関係をどのようにとらえるかが重要であり，事業との関連性によって画定するのではなく，相手方からの直接的な対価の流入を伴わない資産の譲渡や役務の提供の全てを含む極めて広い概念であるとする非対価説が通説である[2]。また，

2　岡村忠生「法人税法講義第3版」成文堂，158頁

かっこ書きの「広告宣伝及び見本品の費用その他これらに類する費用並びに交際費，接待費及び福利厚生費とされるべきもの」は例示なのか限定列挙なのかという問題もある（第1部第3章Ⅱの各説を参照）。

第8項

> 内国法人が資産の譲渡又は経済的な利益の供与をした場合において，その譲渡又は供与の対価の額が当該資産のその譲渡の時における価額又は当該経済的な利益のその供与の時における価額に比して低いときは，当該対価の額と当該価額との差額のうち実質的に贈与又は無償の供与をしたと認められる金額は，前項の寄附金の額に含まれるものとする。

　第8項は，低額での資産の譲渡や役務の提供があった場合に，その低額部分の差額のうち実質的に贈与又は無償の供与をしたと認められる金額は，寄附金の額に含まれるとするものである。この規定も，昭和40年の法人税法の全文改正時に初めて法律で設けられた規定であり，それまでは通達（法基通77[3]）で定められていた。本項は，「差額のうち実質的に贈与又は無償の供与をしたと認められる金額」と定めているが，当事者間で贈与契約が存在する必要があるか，又は当事者間で差額を認識している必要があるかについては，時価との差額があっても実質的に贈与したとみるのが相当でない場合は除外すべきであるが，「実質的に贈与したと認められる」ためには，その取引に伴う経済的な効果が，贈与と同視し得るものであれば足りるのであって，必ずしも，贈与者が贈与の意思を有していたことを必要とせず，時価との差額を認識していたことも必要としないと解されている（大阪地判昭和58年2月8日・判時1140号65頁）（第1部第3章参照）。

---

[3] 通達は，「法人が有する資産を著しく低い価額で譲渡した場合には，当該譲渡価額とその時における当該資産の価額との差額に相当する金額を相手方に贈与したものと認められるときは，当該差額に相当する金額は，これを寄附金として取り扱うものとする。」としており，経済的利益の低額供与については定めていなかった。

第1章　寄附金規定の概要

├─ 第9項 ─────────────────────────────────┤

　第3項の規定は，確定申告書，修正申告書又は更正請求書に第1項に規定する寄附金の額の合計額に算入されない第3項各号に掲げる寄附金の額及び当該寄附金の明細を記載した書類の添付がある場合に限り，第4項の規定は，確定申告書，修正申告書又は更正請求書に第1項に規定する寄附金の額の合計額に算入されない第4項に規定する寄附金の額及び当該寄附金の明細を記載した書類の添付があり，かつ，当該書類に記載された寄附金が同項に規定する寄附金に該当することを証する書類として財務省令で定める書類を保存している場合に限り，適用する。この場合において，第3項又は第4項の規定により第1項に規定する寄附金の額の合計額に算入されない金額は，当該金額として記載された金額を限度とする。

　第9項は，第3項の国等に対する寄附金の全額損金算入を認めるにあたって，寄附金の額及び寄附金の明細を記載した書類の添付がある場合に限り，適用があるとしている。

　また，第4項の特定公益増進法人に対する寄附金の額について一般の寄附金の損金算入限度額とは別枠で一定額の損金算入を認めるにあたっては，それぞれの寄附金の額及び寄附金の明細を期した書類の添付があり，かつ，特定公益増進法人に対する寄附金については，一定の証明書類（法規24）の保存がある場合に限り，これらの規定の適用があるとする。

　さらに，これらの規定に基づく損金算入の要件として，申告書等に記載された金額を限度としている。したがって，申告書等に記載された金額がない場合は適用がなく，一部の金額しか記載されていない場合はその金額しか適用がないものとされる。

├─ 第10項 ────────────────────────────────┤

　税務署長は，第4項の規定により第1項に規定する寄附金の額の合計額に算入されないこととなる金額の全部又は一部につき前項に規定する財務省令で定める書類の保存がない場合においても，その書類の保存がなかったことについてやむを得ない事情があると認めるときは，その書類の保存がなかった金額につき第4項の規定を適用することができる。

第10項は，第4項の特定公益増進法人に対する寄附金の額につき，一般の寄附金の損金算入限度額とは別枠で一定額の損金算入を認めるには，第9項で定めているように，一定の証明書類の保存が要件とされているが，その保存がなかったことについてやむを得ない事情があると税務署長が認めるときは，その保存がなかった金額について第4項の適用を認めることができるとしている。

第11項

> 財務大臣は，第3項第2号の指定をしたときは，これを告示する。

第11項は，指定寄附金について，財務大臣は，指定についての審査事項を審査し，指定寄附金と認めるときは，これを官報で告示する。

第12項

> 第5項から前項までに定めるもののほか，第1項から第4項までの規定の適用に関し必要な事項は，政令で定める。

寄附金に関する施行令の規定には次のものがある。
- 一般寄附金の損金算入限度額の算定（法令73）
- 公益社団法人，公益財団法人の寄附金の損金算入限度額の特例（法令73の2）
- 長期給付金の事業を行う共済組合等の寄附金の損金算入限度額（法令74）
- 法人の設立のための寄附金の要件（法令75）
- 指定寄附金の審査事項（法令76）
- 公益の増進に著しく寄与する法人の範囲（法令77）
- 特定公益増進法人に対する寄附金の特別損金算入限度額（法令77の2）
- 公益社団法人又は公益財団法人の寄附金の額とみなされる金額に係る事業（法令77の3）
- 特定公益信託の要件等（法令77の4）
- 支出した寄附金の額（法令78）

第2章 寄附金の損金不算入制度の趣旨

I　寄附金の損金不算入制度の概要

　法人が各事業年度において支出した寄附金の額の合計額のうち，その法人の資本金等の額，その事業年度の所得の金額を基礎として計算した損金算入限度額を超える部分の金額は，各事業年度の所得金額の計算上，損金の額に算入されない（法法37①）。

　この法人税法第37条第１項の一般の寄附金の額の合計額には，国等に対する寄附金の額，財務大臣が指定した寄附金（以下「指定寄附金」という）の額及び公益の増進に著しく寄与する法人（以下「特定公益増進法人」という）に対する寄附金の額は含まれず，国等に対する寄附金及び指定寄附金の額はその全額，特定公益増進法人に対する寄附金の額は特別損金算入限度額が損金の額に算入される（法法37③，④）。

　一般の寄附金の損金不算入制度は，法人税法の一般の寄附金の額に該当するものについては，会社がどのような費目で費用処理しようとも，損金算入限度額を超える部分については，損金の額に算入しないとしている。

　損金算入限度額の計算については，法人の種類によって異なるが，資本等を有する普通法人等については，次のように形式的基準（資本基準額，所得基準額）により計算されることになっている。なお，公益法人等についても，その事業年度の所得の金額の50％相当額（公益社団法人等，学校法人，社会福祉法人等）や20％相当額（その他の公益法人等）という形式基準がとられている。

【資本等を有する普通法人の損金算入限度額】

$$\left\{\begin{array}{l}\text{事業年度終了時}\\\text{の資本金等の額}\end{array}\times\frac{2.5}{1,000}+\begin{array}{l}\text{その事業年度}\\\text{の所得金額}\end{array}\times\frac{2.5}{100}\right\}\times\frac{1}{4}$$

　このような資本金の大小と所得金額の多寡を基礎とした形式基準による損金算入限度額制度の大枠は，昭和17年の寄附金課税制度創設の当初からであったものである。

II　寄附金の損金不算入制度の趣旨

　一般の寄附金の損金不算入制度の趣旨としては，制度や規定創設時の説明を踏まえて，次の2点が一般的にいわれている。

1　国庫による寄附金負担の防止

　法人税の寄附金課税制度の沿革によれば，寄附金の損金算入に制限が加えられたのは，昭和17年の臨時租税措置法の改正による。それまでは，法人税において寄附金に制限はなく，全額が損金の額に算入されていた。昭和17年の改正により，ほぼ現行の寄附金の損金算入限度額制度の原型が登場した[1]。当時この規定が設けられた趣旨は，次のように解説されている。

　「時局下国庫の収入増加を図る必要大なるものがある秋（とき…筆者注）において，多額の寄附金を損金に認容することは国庫収入の財源を失う虞がある」ので損金算入限度額を超える部分を損金不算入とするというもので，寄附金の性質が損金性を有しない，利益処分によるべきであるといったことを趣旨としたものではないとされていた。かかる制度趣旨は，戦時経済下での高税率をきらい，企業が税負担から寄附金支出に回避することによって，国庫による寄附金の実質的負担化が生ずることを防止し，財源確保を図るという戦時経済下の特殊政策的要請から設けられたものであり，歴史的には現行制度の原型であるとしても，現在の寄附金課税制度の趣旨として合理性のあるものとはいいがた

1　法人税の寄附金制度の沿革については，武田昌輔編著「DHC　コンメンタール法人税法」（第一法規出版）などを参照。

い。

2 事業関連性の形式的擬制

　一般の寄附金の損金不算入制度は、昭和22年に法人税法の本法に取り入れられたが、その後の経済状況や企業取引の変化を踏まえ、昭和38年税制調査会「所得税法及び法人税法の整備に関する答申」（以下「昭和38年整備答申」という）は、次のように一般の寄附金の損金不算入制度の趣旨などを述べている。

　「法人が利益処分以外の方法により支出する寄附金の中には、法人の業務遂行上明らかに必要な寄附金と必要であることが明らかでない寄附金があり、後者は多分に利益処分とすべき寄附金を含むとの見地から、税法は後者に属する寄附金を税法上の寄附金とし、これについて損金算入限度を設け形式基準による区分を行う」とした（図表参照）。

昭和38年整備答申の寄附金の損金不算入制度の考え方

利益処分によるもの（損金不算入）	
業務遂行上明らかに必要なもの（損金算入） 　広告宣伝費、見本品費用、交際費、福利厚生費など	
業務遂行上必要であることが明らかでないもの 　（税法上の寄附金） 損金算入限度額を設け形式基準により区分	
損金算入限度額の枠内で擬制的に業務関連性があるとされた部分の金額 （損金算入）	損金算入限度額を超えて業務関連性がない部分と擬制された金額 （損金不算入）
（例外）国等に対する寄附金、指定寄附金についてはその全額を損金算入。特定公益増進法人等に対する寄附金は別枠で一定額を損金算入。	

　この場合において、「業務に全く関係のない贈与は、税法上の寄附金から除き、限度計算を行うことなく損金不算入とすることが好ましいが、法令においてこれを規定すること及び執行上これを区分することが困難であることにかんがみ、無償の支出のうち業務に明らかに関係あるものとそれ以外のものに区分し、後者を税法上の寄附金として取り扱う」とした。そして税法上の寄附金に

第1部 総　　論

ついて，上記のように形式基準によって業務関連性を擬制して区分したのである。

　また，寄附金の損金不算入制度についての趣旨について，裁判例においては，おおよそ次のように整理されている。

　いずれの裁判例も，寄附金課税制度の趣旨をめぐる経緯を踏まえ，①実質上の国庫負担による弊害防止の観点から損金不算入の制限を加えることの必要性，②業務関連性の判定の困難性をもって形式基準としての損金不算入制度を採用せざるを得ないことの2点を趣旨としている。

> **裁判例** 寄附金の損金不算入制度の趣旨(1)
> （名古屋地判平成4年11月27日，判タ822号205頁，Z193－7028）
>
> 　法人税の税率が高くなるにつれて，寄付金を損金に算入すべきことを無制限に認めると，寄付金を支出してもその金額が法人の出捐とはならず，その大部分は実質的には国庫へ納付すべき法人税によって負担する結果となることとなり，不合理であること，さらに，寄付金は直接の対価のない給付で，本来の法人の事業活動とは関係がなく，むしろ利益処分としての性質を多分に有しているが，直接の対価がなくても，広い意味で事業の目的に関連を有する場合があることも考えられるところ，寄付金の性格上，事業に関連があるかどうかの判断は困難であるので実務上，一定の形式的基準によって判断することが便宜であり，合理的であること，以上の理由から，一定の限度額のものについて損金算入を認める一方，これを超える部分については，事業の収益に関連する支出ではなく利益処分に類するものとして損金に算入しないこととしたものと解される。

> **裁判例** 寄附金の損金不算入制度の趣旨(2)
> （東京地判平成19年9月27日，税資257号順号10792，Z257－10792）
>
> 　このように法人税法が一定額を超える寄附金を損金に算入しないものとしたのは，法人が支出した寄附金の全額を無条件で損金に算入するとすれば，国の財政収入の確保を阻害し，寄附金の出捐による法人の負担が法人税の減収を通じて国

16

> に転嫁され，課税の公平を害することによるものと解される。もっとも，法人が支出する寄附金には法人の収益を生み出すのに必要な費用としての性質を有するものもあるところ，これを客観的に判定するのには困難が伴うことから，行政的便宜及び課税の公平の観点から，法人税法は統一的な損金算入限度額を設け，その範囲内であれば寄附金の損金算入を認めることにしたものと解される。

Ⅲ 「業務関連性基準」を設けることの困難性とは

1 法令での規定が困難か

　一般の寄附金について損金算入制限を加えるにあたって，現行法人税制は，なぜ，形式基準としての寄附金の損金算入限度額計算を採用したかについて，昭和38年税調整備答申は，次のように述べている。

　法人が支出する寄附金のうち「業務に全く関係のない贈与は，税法上の寄附金から除き，限度計算を行うことなく損金不算入とすることが好ましいが，法令においてこれを規定すること及び執行上これを区分することは困難であることにかんがみ，無償の支出のうち業務に明らかに関係あるものとそれ以外のものに区分し，後者を税法上の寄附金として取り扱うこと」とし，形式基準により損金算入するものとしないものを区分するものとする[2]。

　昭和38年整備答申によれば，寄附金の損金算入限度額計算を採用した理由は，①法令においてこれを規定すること及び②執行上これを区分することは困難であるとの二つの理由が挙げられている。②の執行上これを区分することが困難という理由は，理解できるところであるが，①の「法令においてこれを規定すること」が困難であるというのは，果たして，そのとおりであろうか。

　すなわち，「事業関連性のない支出は損金の額に算入しない」という規定を定めることが困難であるというのは本当だろうか。

　この点について考えてみると，例えば，所得税法第37条第1項は，「必要経

2　昭和38年12月税制調査会「所得税法及び法人税法の整備に関する答申」第2・7ⅴ寄附金。

費に算入すべき金額は，別段の定めがあるものを除き，これらの所得の総収入金額に係る売上原価その他当該総収入金額を得るため直接に要した費用の額及びその年における販売費，一般管理費その他これらの所得を生ずべき業務について生じた費用（償却費以外の費用でその年において債務の確定しないものを除く。）の額とする。」と定めている。

費用の額について「これらの所得を生ずべき業務について生じた費用の額」と定めており，必要経費性の基準を，「所得を生ずべき業務について生じた費用」として業務関連性を明らかにしている。

したがって，所得税法においては，業務関連性がないとされたものについては，そもそも必要経費の額に算入されない規定ぶりになっている。

また，米国の内国歳入法典第162条(a)は，「There shall be allowed as a deduction all the ordinary and necessary expenses paid or incurred during the taxable year in carrying on any trade or business,」のように定めている。米国内国歳入法典は，個人所得税と法人所得税の両者をまとめて定めており，上記のように必要経費性について，「ordinary and necessary expenses（通常かつ必要な費用）」と定めている。したがって，米国では，連邦個人所得税のみならず法人所得税についても「通常かつ必要な費用」でなければ，損金の額に算入されないことになる。

これら日本の所得税法や米国の内国歳入法典を見るならば，前記①の「法令においてこれを規定すること」が困難であるという理由は，一般的には成り立たないということができる。

2　困難な理由とは

前記のとおり，昭和38年整備答申では，損金性の基準である事業関連性や必要経費性を法令で定めることが困難であるということが，現行制度の寄附金の損金算入限度額計算が形式基準を採用したところの根拠とされていたが，上記の所得税法，米国内国歳入法典の例に見られるように，法令で定めることが一般的にできないという意味での困難性はないといえる。では，昭和38年整備答申が述べている「法令においてこれを規定すること」が困難とはどのよう

な意味なのであろうか。執行上の区分の困難さとは明確に区別して，その理由の一つとして述べていることから，それ相当の内容があってしかるべきであると考えられる。

この点について考えたときに，まず気が付くことが，日本の法人税法には，非常に特異な特徴があることである。すなわち，現行の法人税法は，損金性について法人税法としての独自の基準を有していない，定めていないということである。

本来であれば，法人税の所得計算の通則規定である法人税法第22条において，益金（の額），損金（の額）についての定義を置くべきであると考えられるが，現行の法人税法は，益金の額，損金の額に算入すべき金額を定めているに過ぎず，さらに，別段の定めがあるものを除き，その益金の額に算入すべき金額は「その事業年度の資本等取引以外の収益の額」とし，損金の額は「原価の額，費用の額，資本等取引以外の損失の額」と定めているだけである（法法22②，③）。その上で，これらの「収益の額」，「原価の額，費用の額，損失の額」については，「一般に公正妥当と認められる会計処理の基準に従って計算されるものとする」と定めている（法法22④）。すなわち，現行の法人税法は，独自には，益金（の額），損金（の額）について定義を定めておらず，その計算を公正処理基準に全て委ねているのである[3]。

この点のもう具体的な意味はどのようなことになるのであろうか。

例えば，会社が事業に関連があるものとして，会社の費用として処理した「寄附金」の支出については，公正処理基準によるとどのように処理されることになるのであろうか。

---

[3] 公正処理基準は，政府税制調査会の昭和41年簡素化整備答申を踏まえて昭和42年改正で法人税法22条4項に導入されたものである。したがって，寄附金に対する考え方に関する昭和38年整備答申時には，以下に述べるような考え方があったかどうかは疑問であるとの意見も当然に考えられる。しかし，昭和42年に導入された公正処理基準は，「収益及び費用・損失は会計上の用語であり，これらの計算は『一般に公正妥当と認められる会計処理の基準』に従って行われることを宣言した規定と見るべきである。(第一法規「法人税法コンメンタール」1153頁)」としている。すなわち確認的規定であるとしていることからすれば，38年整備答申時にも実質的には公正処理基準は前提であったということができるのではないかと考える。

公正処理基準によれば，会社が事実に反する処理を行った場合は，事実に即した処理にすべきであることから，事実に即した会計処理に是正することになる。例えば，売上除外や架空経費の計上の処理を会社が行った場合は，事実に即した処理に是正すべきことは公正処理基準から明らかである。また，役員個人等が負担すべき支出を会社が負担して，会社の給与以外の費用で処理した場合も，事実に反した処理であるため，公正処理基準により事実に即した処理である役員給与に訂正することになる。

　それでは，企業が事業に関連があるとして会社の費用として処理した「寄附金」の支出については，どうなるのであろうか。その支出が事業との関連が明確でなかったとしても，役員等個人が負担すべきものを，会社が負担していたものとして役員給与に認定されるものでなければ，公正処理基準としては費用又は損失であることには変わりがなく，公正処理基準により損金性を否定することは困難である。そうすると会社が費用又は損失として処理した「寄附金」の支出については，別段の定めを設けなければ，現行の法人税法の下では損金の額に算入されてしまうことになる。

　別段の定めで，仮に，損金性について「事業関連性基準」を定めるとすれば，それは法人税法において独自の損金性の基準を定めることと同義になり，現行の法人税において損金性の基準を公正処理基準に委ねている法律構造と矛盾することになってしまう。

　以上のことを整理すると，昭和38年整備答申が，「法令においてこれを規定すること」が困難としたのは，仮にそのことを法令において定めるということは，現行の法人税法の通則規定である公正処理基準を否定することになってしまい，法人税法の法律構造に矛盾が生じてしまうことを意味し，そもそもそのような規定を置くこと自体が，法律構造上において困難であるということを意味するものと考えられる。米国税法のように，損金性の基本原則を法人税法の通則規定自体で独自に定めた上で，企業会計の処理を尊重するという仕組みに日本の法人税法を変更した場合であれば，「法令においてこれを規定すること」ができるが，損金性の基準まで委ねている現行の法人税法の公正処理基準を前提としている限り，損金性の基準として事業関連性基準を独自に定めるこ

とは困難であるということになる。

Ⅳ 法人税法第37条の他の規定の趣旨について

　法人税法第37条第１項の損金不算入制度の趣旨に関して検討してきたが，法人税法第37条の他の規定は，それぞれの規定について，それぞれ異なる規定の趣旨がある。例えば第２項のグループ法人税制に関する規定，第３項は，第１項の一般の寄附金の例外的取扱いとして国等，指定寄附金の全額損金算入を定めており，主に政策的な奨励措置としての趣旨により定められており，第４項の特定公益増進法人に対する寄附金の規定も同様である。

　これらの第１項以外の規定に係る趣旨については，各項目について第２部個別的論点で触れるのでそちらを参照されたい。

第3章 法人税法の寄附金の意義と範囲

I 寄附金の広範性

　寄附金の額は，寄附金，拠出金，見舞金その他いずれの名義をもってするかを問わず，法人が金銭その他の資産又は経済的な利益の贈与又は無償の供与（広告宣伝及び見本品の費用その他これらに類する費用並びに交際費，接待費及び福利厚生費とされるべきものを除く）をした場合におけるその金銭の額若しくは金銭以外の資産のその贈与の時における価額又は当該経済的な利益のその供与の時における価額によるものとすると定められている（法法37⑦）。

　法人税法にいう寄附金の額とは，「金銭その他の資産又は経済的な利益の贈与又は無償の供与」としていることからすると，社会事業団体，学校，神社等に対する通常の意味の寄附金のみならず，贈与や無償の供与に該当すれば寄附金に該当する広範囲なものとされている[1]。取引の相手先は，特定の者に限定されておらず，取引の形態も

(1) 金銭・資産の贈与
(2) 経済的利益の無償の供与
(3) 資産の低額譲渡
(4) 低額による経済的利益の供与

とされている。経済的利益の供与とは，具体的には，金銭の無利息融資・低利

1　金子宏「租税法第20版」354頁，岡村忠生「法人税法講義第3版」158頁

融資, 資産の無償貸付け・低額貸付け, 債権放棄及び債務引受けなどが含まれる。

法人税法の寄附金の意義, 範囲について, 民法上の贈与に限定されず,「経済的にみて贈与と同視し得る金銭その他の資産の譲渡又は経済的な利益の供与」を意味する広範囲なものであることについては, 次の様な裁判例がある。

> **裁判例　寄附金の広範性**
> （東京高判平成26年6月12日, 判タ822号205頁, Z888-1906)
>
> 　同条1項（法人税法第37条第1項……筆者注）が一定の金額を超える「寄附金」を「損金の額」に算入しないとしている趣旨は, 法人が支出する寄附金には収益を生み出すのに必要な費用としての側面を有するものもあるところ, その全額を無条件に損金に算入することになれば, 租税収入の確保を阻害することになるばかりでなく, 寄附金の出捐による法人の負担が法人税の減収を通じて国に転嫁されることになるから, このような課税上の不公平を生じさせないことにあると解される。
>
> 　このような同項の趣旨や, 同条8項が, 法人による資産の譲渡又は経済的な利益の供与において, 譲渡又は供与の対価の額が資産の譲渡時における価額又は経済的な利益の供与時における価額に比して低いときは, 対価の額と価額との差額のうち実質的に贈与又は無償の供与をしたと認められる金額は「寄附金」の額に含まれるものとする旨定めていること（略）をも踏まえると, 同条7項所定の「寄附金」とは, 民法上の贈与に限られるものではなく,「経済的にみて贈与と同視し得る金銭その他の資産の譲渡又は経済的な利益の供与」をいい, これは, 金銭その他の資産又は経済的な利益を対価なく他に移転することであり, その行為について通常の経済取引として是認することのできる合理的な理由が存在しないものをいうと解するのが相当である。

Ⅱ 寄附金の意義・範囲と事業関連性

　寄附金の意義，範囲の解釈をめぐっては，事業との関連性について次のような諸説がある。

1　非事業関連説

　寄附金とは，事業に関連しない金銭，資産の贈与や経済的利益の無償の供与などをいい，資産の贈与などであっても，それが法人の事業活動に関連して支出されたものは寄附金には該当しないという説である。

　この説によれば法人税法第37条第7項かっこ書きの寄附金の額から除かれている広告宣伝及び見本品の費用その他これらに類する費用並びに交際費，接待費及び福利厚生費は，事業に関連する費用の例示であるということになる。このような解釈は，寄附金という概念をなるべく一般に使用される寄附金の意味に近づけて理解しようとするものである。しかし，この考え方は，現行の寄附金課税制度の解釈としては，事業関連性の個別の判断を回避している現行制度の特徴を踏まえているとはいえない。

2　事業関連説

　この説によれば，平成18年税制改正前の法人税法第37条第1項は，事業遂行に関係のない寄附金の支出は利益処分とする当然のことを規定したものと解すべきである。法人税法の損金算入限度額計算の対象となる寄附金は，事業遂行に関係するもののみをいうとする考え方である[2]。

　事業遂行に関係のない寄附金は，本来的に利益からの処分たるべきもので，そもそも損金性がないという考えによる。したがって，法人税法の寄附金は，事業遂行に関連するもののみをいうことになる。この説では，法人税法第37条第7項かっこ書きは，事業の遂行に直接必要な費用で寄附金にならないものを念のために確認しているものとされる。この説は，寄附金の本来の性格を踏

　2　松沢智「新版租税実体法　補正版」中央経済社（1999年）

まえて事業関連性のないものは「隠れた利益処分」としてそもそも損金性がないとするものである。事業に関係ないものについては損金性がないことは、「昭和38年整備答申」でも述べているところであるが、事業関連性の区分が困難なことや現行法人税の課税所得計算の基本構造を踏まえ、形式基準により事業関連性を区分するという寄附金の損金不算入制度の基本的特徴を無視した見解であるといえる。

3 非対価説

この説は、寄附金の概念については、事業の関連性の有無に関わらず、直接的な対価を伴わない支出をいうものとし、支出の非対価性に看目するものである。無償の資産の譲渡や無償の経済的利益の供与であり、無償の行為であることについて合理的な理由が存在しないものをもって法人税法の寄附金に該当するというものである。この説が、実務、判例及び学説の通説となっている[3]。この説の場合、法人税法第37条第7項かっこ書きは、限定列挙説、例示説の両方がある[4]。この説が、現行制度の寄附金範囲についての通説であることは、既にみた「昭和38年整備答申」の考え方に忠実に則った場合の当然の帰結であることから明らかである。この説による場合の問題点としては、その広範性ゆえに次のような点が指摘できる。

(1) 寄附金の範囲が通常の寄附金の概念とは著しく乖離して広範囲になる。特に関係会社間の取引などについても直接的対価性が曖昧な場合は、寄附金の範囲に含めることになるが、グループ企業の立場からすれば明らかに事業関連性のあるものまでも寄附金の中に含めて、形式基準で一律に処理するのは妥当性に欠ける点がある。

(2) 通常の意味の寄附金から関係会社取引まで性格の全く異なるものを寄附金の概念に含め、同一の形式基準で処理をすることに合理性があるかが疑問である。

---

3 金子宏 前掲注1・354頁、山本守之「体系法人税法32訂版」税務経理協会857頁、岡村忠生 前掲注1・158頁など。

4 岡村忠生 前掲注1・158頁はこの説によれば創設的な限定列挙と解されるとしている。

非対価説を採用している裁判例で有名なものとしては、次のものがある。

> **裁判例** 寄附金と事業関連性・非対価説
> （大阪高判昭和53年3月30日，判タ822号205頁，Z097-4169）
>
> 　寄附金が法人の収益を生み出すのに必要な費用といえるかどうかは、きわめて判定の困難な問題である。もしそれが法人の事業に関連を有しない場合は、明白に利益処分の性質をもつと解すべきであろう。しかし、法人がその支出した寄附金について損金経理をした場合、そのうちどれだけが費用の性質をもち、どれだけが利益処分の性質をもつかを客観的に判定することか至難であるところから、法は、行政的便宜及び公平の維持の観点から、一種のフイクシヨンとして、統一的な損金算入限度額を設け、寄附金のうち、その範囲内の金額は費用として損金算入を認め、それを超える部分の金額は損金に算入されないものとしている（法第37条第2項……当時の規定で現行規定の第1項に相当する規定である。……筆者注）。したがって、経済的利益の無償の供与等に当たることが肯定されれば、それが法37条5項（現行規定の第7項に相当する規定である。……筆者注）かっこ内所定のものに該当しないかぎり、それが事業と関連を有し法人の収益を生み出すのに必要な費用といえる場合であっても、寄附金性を失うことはないというべきである。

寄附金の範囲

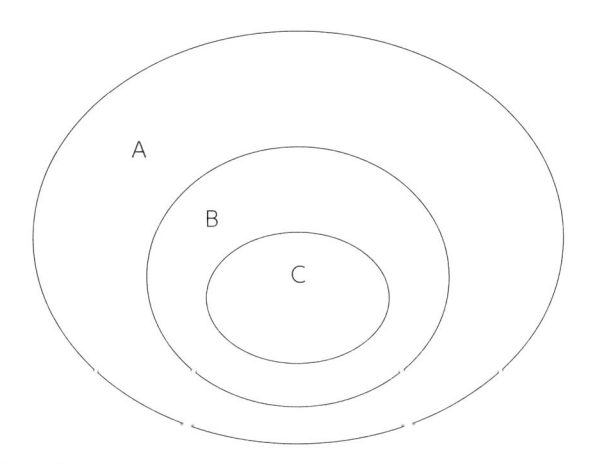

A……事業関連性のない支出
B……何らかの事業関連性のある支出
C……明らかに事業関連性のある費用（広告宣伝費，見本品費，交際費，福利厚生費等）

各　　説	寄附金の範囲	備　　考
非事業関連説	A	Bは一般費用となる。
事業関連説	B	Aは利益処分性のもので損金性がないことになる。
非対価説	A｜B	事業関連性は関係なく対価性の有無により判断する。

Ⅲ　低額譲渡と寄附金の意義

　法人税法の寄附金の意義が，非対価説による無償の資産の譲渡や無償による経済的利益の供与であるとした場合，有償譲渡の一形態といえる低額譲渡等が行われた場合に，その低額による資産の譲渡や経済的利益の供与による低額部分の額が法人税法の寄附金の額に該当するかどうかが問題となる。この点について，法人税法第37条第8項は，「その譲渡又は供与の対価の額が当該資産のその譲渡の時における価額又は当該経済的な利益のその供与の時における価額に比して低いときは，当該対価の額と当該価額との差額のうち実質的に贈与又は無償の供与をしたと認められる金額は，前項の寄附金の額に含まれる」とし

ている。この条文の原型は，昭和40年の法人税法の全文改正によりはじめて法人税法の条文に定められたものであり，それまでは通達で手当てされていた。法人税法第37条第8項は，単に対価の額と時価との間で差額が存在することだけで寄附金の額に該当するわけではなく，「実質的に贈与又は無償の供与をした」と認められる場合について，その差額が寄附金の額になると定めている。この場合の，「実質的に贈与」の意味であるが，当事者間において贈与の意思や差額の認識が必要かどうかが問題になる。

　実質的な贈与等かどうかということは，低額による対価と時価との差額が，「実質的に贈与等」であるかどうかということ，すなわち無償の資産の譲渡又は経済的利益の供与であるかどうかということであり，その低額譲渡等について通常の経済取引として是認することができる合理的理由が存在するかどうかにより判断することを意味している。したがって，当事者間において贈与の意思や差額の認識の必要性などは問題とされていないというべきである。

　裁判例においてもその旨が判示されている。

> **裁判例** 低額譲渡等の「実質的に贈与等」の意味
> 　　　　　（大阪地判昭和58年2月8日，判時1140号65頁，Z129－5133）
>
> 　法37条6項（現行法の8項，以下同じ。……筆者注）のおかれた趣旨は，法人がその資産を低額譲渡することが，資産の時価との差額を贈与することと実質的に同じであることに着目し，低額譲渡の形式で租税回避を企図する弊害を防ぎ公平な課税を期することにある。
>
> 　低額譲渡の場合であっても，時価との差額が当然に同条5項（現行法の7項，以下同じ。……筆者注）の寄付金の額とされるのではなく，時価との差額のうち「実質的に贈与したと認められる金額」が，同条5項の寄付金の額に含まれるものとされるのである。したがって，時価との差額があっても実質的に贈与したとみるのが相当でない場合は除外すべきであるが，『実質的に贈与したと認められる』ためには，当該取引に伴なう経済的な効果が，贈与と同視しうるものであれば足りるのであって，必ずしも，贈与者が贈与の意思を有していたことを必要とせず，時価との差額を認識していたことも必要としないと解するのが相当である。

Ⅳ　高額譲渡と寄附金の意義

　低額譲渡等については，法人税法第37条第8項で定めているが，高額譲渡については法人税法は特に条文を定めていない。これは，高額譲渡が実質的には，「時価である対価＋金銭の贈与」と同じであることや，利益の供与を受ける側からすれば，時価との差額部分が金銭（高額譲渡）か資産（低額譲渡）かに過ぎず，その実質は同じであることから，条文で定めるまでもなく，高額部分の時価と対価との差額は，通常の経済取引として是認することができる合理的理由が存在しなければ，寄附金の額に含まれることは当然であることから，特に定めなかったものと考えられる。

　この点について，高額譲渡も低額譲渡と同様であり，法人税法第37条第7項の寄附金に該当するとした裁判例がある。

裁判例　高額譲渡と寄附金
（福岡高判平成11年2月17日，税資240号702頁，Z240－8343）

　同条7項（現行法の法人税法第37条第8項，以下同じ。……筆者注）において，対価性のある『資産の譲渡又は経済的利益の供与』についても，その『対価』と『譲渡の時における価額』又は『供与の時における価額』との間に差がある場合には，その『差額のうち実質的に贈与又は無償の供与をしたと認められる金額』が寄付金の額に含まれると定め，寄付金に該当する利益供与の形態と損金に算入されない寄付金の範囲を明らかにしており，同条7項は同条6項（現行法の法人税法第37条第7項，以下同じ。……筆者注）の内容を補完し，実質的には同項の一部を構成しているものと解される。確かに，形式的にみる限り，法37条6項は，寄付金等の額の基準時について定め，同7項はいわゆる資産の低額譲渡について定めているものということができる。しかしながら，一般的に寄付がその前提としている贈与は，自己の損失において他者に利益を与える法律行為であるところ，低額譲渡といわゆる高額譲受とではその利益の内容について前者は財産権であり，後者は金銭であるという違いはあるものの，経済的利益である点で両者は共通のものであって，これを区別する理由は存しないから，同条7項も高額譲受の場合

> を排斥するものではなく，当該時価相当額の超過部分（贈与部分）をそのままにしておくと，減価償却費や譲渡原価等に形を変えて損金算入される結果となることは資産の低廉譲渡等の場合と同様であるから，同条6項により，右部分は寄付金と認定するのが相当である。ところで，同条7項によれば，資産の低廉譲渡の場合であっても，時価との差額が当然に同条6項の寄付金の額に含まれるものとされるのではなく，右差額のうち『実質的に贈与したと認められる金額』に限られているのであり，このことは資産の高価譲受けの場合も同様と解されるところ，『実質的に贈与したと認められる』ためには，当該取引に伴う経済的な効果が贈与と同視できるものであれば足りるのであって，必ずしも譲渡者が贈与の意思を有していたことを必要とせず，また，時価との差額を認識していたことも必要としないと解すべきである。

V　法人税の寄附金の該当要件

　寄附金の意義と範囲に関するこれまでの検討をまとめると次のようになる。

1　無償性の要件

　寄附金とは民法上の贈与[5]に限られるものでなく，経済的にみて贈与と同視し得る金銭その他の資産の譲渡又は経済的利益の供与をいい，これは，金銭その他の資産又は経済的な利益を対価なく他に移転することである。

　寄附金に該当するかどうかは，経済的な効果が，贈与と同視し得るものであればよく，必ずしも，贈与者が贈与の意思を有していたことを必要とせず，時価との差額を認識していたことも必要としない[6]。

5　民法上の贈与とは，自己の損失において他者に利益を与える法律行為をいう。
6　大阪地判昭和58年2月8日

2　合理性の要件

　寄附金とは，上記の対価なく他に移転することについて通常の経済取引として是認することのできる合理的な理由が存在しないものをいう[7]。

VI　寄附金と除外費用等

　寄附金の額は，寄附金，拠出金，見舞金その他いずれの名義をもってするかを問わず，法人が金銭その他の資産又は経済的な利益の贈与又は無償の供与をした場合におけるその金銭の額若しくは金銭以外の資産のその贈与の時における価額又は当該経済的な利益のその供与の時における価額によるものとされている（法法37⑦）。そして寄附金の額からは，「広告宣伝及び見本品の費用その他これらに類する費用並びに交際費，接待費及び福利厚生費とされるべきもの」が除かれている。この除外されている費用が例示なのか限定列挙なのかは諸説がある。例えば法人税基本通達9-4-1，9-4-2についてみれば，これらの取引は正常な取引なのであってそもそも寄附金には該当しないと見れば上記の諸費用は限定列挙とする考え方になる。一方，これらの支援策等も無償取引であることには変わらないので，収益の額及びこれに対応する費用の額を認識計上すべきであり，その場合の費用の額は，「投資保全費用」ともいえるもの[8]とされ，上記の広告宣伝費，交際費等の費用は例示とされる。限定列挙説，例示説いずれをとるかは別として，いずれにしてもこれらの費用は，「法人の業務遂行上明らかに必要な」無償取引を法人税法上の寄附金から除外したものである。

　ところで，上記のように法人税法上の寄附金から除外される諸費用との関連では，寄附金とこれらの除外費用との区分が問題になってくる。寄附金との区分が問題になる諸費用は，除外費用である「広告宣伝及び見本品の費用その他これらに類する費用並びに交際費，接待費及び福利厚生費とされるべきもの」

---

[7]　東京高判平成26年6月12日，名古屋高判平成14年5月15日，東京地判平成21年7月29日など
[8]　金子宏「無償取引と法人税」有斐閣「所得課税の法と政策」351頁

以外にも，上記法基通9－4－1，9－4－2に係る費用，役員給与，資本等取引に係るものがある。これらの諸費用と寄附金との区分に係る問題については，第2部個別論点で触れることにする。

また，災害等に伴う義援金，取引先等への復旧支援の目的で行われる復旧支援措置については，一群の取扱いがあり，寄附金の額から除外されている（法基通9－4－6の2～4など)[9]。

---

9 東日本大震災の後に国税庁HP「災害に関する法人税，消費税及び源泉所得税の取扱いFAQ」等が明らかにされている。

第4章 寄附金規定の沿革

　法人税の寄附金規定の沿革については，第1部の第1章，第2章でも部分的に触れてきたが，念のために，その全体を整理する[1]。

I　寄附金に関する制限規定（臨時租税措置法）の創設

1　損金算入の制限規定

　法人税において寄附金に関する損金算入の制限規定が，昭和17年に初めて設けられた。昭和17年の臨時租税措置法の改正により寄附金の損金不算入規定が創設された。それまでは法人税において寄附金の損金算入を制限する規定はなかった。

2　規定が設けられた趣旨

　臨時租税措置法で寄附金の損金算入制限規定が設けられた趣旨については，当時の改正の解説（鈴木保雄他「臨時租税措置法解説」）において次のように説明されている[2]。

---

[1] 沿革のまとめについては，武田昌輔編著「DHC　コンメンタール法人税法」（第一法規出版），「改正税法の全て－昭和40年全文改正国税・地方税法の詳解－」（財）日本税務協会などの文献を参考にして，筆者がまとめたものである。

[2] 武田昌輔編著「DHC　コンメンタール法人税法」（第一法規出版）より一部を引用した。

> 　本条を設けられた趣旨に付いて一言すると，近時会社の為す寄附金が著しく増加の傾向を示してゐる。従来寄附金に対する税務の取扱はこれを損金としてゐたのであつて，租税が軽率であつた時代は特にとりたてていふ程に足らなかつたのであるが，現在の如く租税負担が相当に重くなつた場合，実に時局の好影響を享けて高率の利益を挙げている会社に付いていへば，その所得のうち最高の税率を以て課税せられる部分は臨時利得税75％，法人税6％25，営業税（附加税共）1％5，合計82％75といふようなこともあり得る状態であつて，時局下国庫の収入増加を図る必要大なるものがある秋（とき…筆者注）において，多額の寄附金を損金に認容することは国庫収入の財源を失う虞がある。只従来これを損金として取扱つてきた沿革上，直ちに寄附金全額を損金と認めないこととすれば，会社の租税負担に相当急激な変動を与へることとなるから，一定の標準に余つて算出した金額わ超えて為したる寄附金の超過部分の金額に付ては，これを損金に算入しないこととせられたのである。
>
> 　もとより本条の規定は寄附金の性質が損金に属すべきに非ずとか，益金処分に依るべきであるとかを決定したものではない。

　上記のように，寄附金の損金制限の規定は，戦時経済下の特殊性により，実に最高82.75％の税負担になる状況下で企業が，全額損金に算入されていた寄附金（主に公共事業に対する寄附金が多かったようである）によって税負担の軽減を図っていたことに対する特別措置として設けられた臨時措置としての規定であった。したがって，上記の趣旨解説で述べているように，寄附金の性質等を検討して，利益処分によるべきものであるとかによって設けられたものでないことは，注目に値する。

3　規定の概要

　当時の規定の概要は次のとおりである。

(1) 法人の為したる寄附金中一定の金額を超過する部分の金額については法人税法による所得，営業法による利益及び臨時所得税法による利益の計算上損金に算入せず。

(2) 損金算入の限度額

① 資本金額100万円以下の会社

$$(資本金額 \times \frac{3}{1,000} + 所得金額 \times \frac{2.5}{100}) \times \frac{1}{2}$$

② 資本金額1,000万円以下の会社

$$(資本金額 \times \frac{2.5}{1,000} + 所得金額 \times \frac{2.5}{100}) \times \frac{1}{2}$$

③ 資本金額1,000万円超の会社

$$(資本金額 \times \frac{2}{1,000} + 所得金額 \times \frac{2.5}{100}) \times \frac{1}{2}$$

現行法の普通法人の損金算入限度額と大枠において似ている点が注目される。

Ⅱ 法人税法本法への移行

昭和22年の税制改正により，臨時租税措置法の規定が法人税法本舗の規定に取り入れられた。規定そのものは，臨時租税措置法のものとほぼ同じものであった。なお，損金算入限度額は，普通法人について一律に（資本金額×1,000分の2.5＋所得金額×100分の2.5）×2分の1とされた。

Ⅲ 指定寄附金，試験研究法人に対する寄附金の明確化

昭和34年改正により，損金の額に算入される指定寄附金の内容が明確にされた。

また，昭和36年に試験研究法人に対する寄附金について，一般の寄附金に対する損金算入限度額とは同額を別枠で損金の額に算入する制度が設けられた。試験研究法人に対する寄附金については，後の昭和63年改正により，特定公益増進法人に対する寄附金と名称等が変更された。

第1部　総　　論

Ⅳ　昭和38年整備答申における寄附金制度の明確化

　昭和40年の法人税法の全文改正において，寄附金などの各規定の創設上，参考とされたのが，昭和38年12月税制調査会「所得税法及び法人税法の整備に関する答申」である。規定創設の趣旨等を理解する上で参考になると思われるので，寄附金に関する部分について以下に引用する。

> 　法人が利益処分以外の方法により支出する寄附金の中には，法人の業務遂行上明らかに必要な寄附金と必要であることが明らかでない寄附金があり，後者は多分に利益処分とすべき寄附金を含むとの見地から，税法は後者に属する寄附金を税法上の寄附金とし，これについて損金算入限度を設け形式基準による区分を行なうとともに，例外として指定寄附金及び試験研究法人等に対する寄附金の制度を設けていると考えられる。
> 　また，現行取扱い上は，社会事業団体，学校，神社等に対する通常の意味の寄附金のみでなく，法人が行なったその事業の遂行上必要なことが明らかでない贈与，たとえば低廉譲渡が行なわれた場合の贈与相当部分等も税法上の寄附金に含めて取り扱われている。
> 　これらの点から，寄附金の範囲を明確化する意味において，税法上の寄附金が通常の意味の寄附金のほか，一般に無償の支出を含む旨法令上明らかにすることとする。
> 　この場合，業務に全く関係のない贈与は，税法上の寄附金から除き，限度計算を行なうことなく損金不算入とすることが好ましいが，法令においてこれを規定すること及び執行上これを区分することが困難であることにかんがみ，無償の支出のうち業務に明らかに関係あるものとそれ以外のものに区分し，後者を税法上の寄附金として取り扱うこととする。
> 　なお，指定寄附金についても，特に同族会社等について，所得のうち相当の部分を支出している等制度の濫用とみられる例も見受けられるので，妥当な限度枠を設けることについて検討することとする。

V　昭和40年法人税法全文改正と寄附金規定

　昭和40年法人税法全文改正により，寄付金に関する規定も全面的に見直され，現行規定の原型ができた。主な改正内容は次のとおりである。
(1)　寄附金の意義について，「金銭その他の資産又は経済的な利益の贈与又は無償の供与」であるとし，その金額は時価によることを明記した（当時の法法37⑤）。なお，この規定において，寄附金から，通常明らかな営業経費である広告宣伝費，見本品費，及び交際費，接待費，福利厚生費を除外した。
(2)　低廉譲渡，無償利益供与等による経済的利益の供与の額についても寄附金の額に含まれる旨を明記した（当時の法法37⑥）。
(3)　利益処分により支出された寄附金は損金の額に算入されないことを明記した（当時の法法37①）。なお，この規定は，平成18年に至り，平成17年会社法制定により株式会社の財産を処分する「剰余金の処分」はできないことになった（会社法452）ことに伴って削除された。
(4)　国又は地方公共団体に対する寄附金の使用目的制限（行政目的のために直接供する施設に充てるためのものである場合に限定）を設けた（当時の法法37③一）。
(5)　指定寄附金について申告書への記載要件，申告書に記載された金額を限度とするなどを明記し，試験研究法人に対する寄附金について確定申告書への記載のほか，試験研究法人であることの証明書の写しの添付を定めた。
(6)　一般の寄附金等を中心とした，寄附金の損金算入限度額についての定めは，ほぼ現在の計算式と同じもの（現行法と異なる点は，資本基準と所得基準の合計額の4分の1でなく2分の1であった）が，当時の法人税法第37条第2項及び施行令で定められた。

Ⅵ　昭和41年～昭和62年まで

　この間は，寄附金規定の条文の基本には変更がなく，主に指定寄附金，試験研究法人に対する範囲，具体的には指定寄附金の対象となる法人，試験研究法人の対象となる法人の範囲の見直し，拡充，証明書類の確定，保存などについて詳細な見直し等が行われている。

　昭和62年9月改正により，特定公益信託の信託財産とするための支出について寄附金とみなす旨の規定（当時の法法37⑤に規定された。現行の法法37⑥に相当するもの）が創設された。

　昭和40年法人税法の全文改正は，寄附金規定が全面的に見直されて，条文として整備されたのにとどまらず，法人税法第22条の整備とも関係して寄附金課税に新たな役割がもたらされた。すなわち，法人税法第22条第2項の無償取引規定と寄附金課税のセットで法人間，特に関係会社間取引による利益移転を防止する役割・機能が付されたのである。

Ⅶ　昭和63年改正により「特定公益増進法人に対する寄附金」に改組

　昭和63年改正により，「試験研究法人に対する寄附金」が，「特定公益増進法人に対する寄附金」に改められ，それに伴い対象法人の見直しが行われた。

Ⅷ　平成元年～平成10年までの改正

　この期間においては，特定公益増進法人の対象法人の追加，除外等の見直しが頻繁に行われている。

　平成6年改正では，公益法人等の寄附金の損金算入限度額が100分の30から100分の27に引き下げられた。さらに翌年の平成7年改正では，100分の27から100分の20に引き下げられた。

　また，平成10年改正では，国等に対する寄附金，指定寄附金，及び特定公益増進法人に対する寄附金について利益処分により支出した場合でも損金の額

に算入することにされた。

Ⅸ　平成14年連結納税制度の導入に伴う整備

　平成14年8月より連結納税制度が導入されたことに伴い，次のように法人税法第37条第2項の導入，及び連結納税制度における寄附金規定が設けられた。
⑴　法人税法第37条第2項において，内国法人がその内国法人との間に連結完全支配関係がある連結法人に対して支出した寄附金の額は，その全額が損金の額に算入されない。
⑵　連結事業年度における寄附金の損金不算入の規定（法法81の6）が次のように設けられた。
　①　連結法人が各連結事業年度において支出した一般の寄附金の額（次の②の他の連結法人に対する寄附金の額を除く）の合計額のうち，連結損金算入限度額を超える部分の金額は，当該連結法人の各連結事業年度の連結所得の金額の計算上，損金の額に算入しない。なお，連結損金算入限度額とは，連結法人に係る連結親法人の連結事業年度終了の時の連結個別資本金等の額，連結事業年度の連結所得の金額を基礎として計算した金額である。
　②　連結法人が各連結事業年度において支出した寄附金の額のうち，その連結法人と連結完全支配関係がある他の連結法人対して支出した寄附金の額は，その全額を損金の額に算入しない。
　③　支出した寄附金の額のうちに，国等に対する寄附金，指定寄附金がある場合は，その金額は上記①の一般の寄附金から除外し損金の額に算入する。
　④　特定公益増進法人に対する寄附金についても上記①の一般の寄附金から除外して，一定の損金算入限度額を別枠で設けて損金の額に算入する。
　⑤　連結法人が特定公益信託の信託財産とするために支出した金額は寄附金の額とみなして上記①〜④の取扱いを行う。
　⑥　その他寄附金の意義等については法人税法第37条の各規定を準用す

第1部　総　　論

る。

X　平成18年利益処分により支出した寄附金に関する規定の削除

　平成18年改正において、平成17年会社法制定を受けて、利益処分により支出した寄附金に係る規定が削除された。これは、平成17年制定の会社法では、利益処分による寄附金の支出ができなくなったことから、それとの整合性を図ったことによる。

XI　特定公益増進法人に対する寄附金の損金算入限度額の拡充

　公益法人改革が行われ、平成18年国会で公益法人制度改革関連3法が成立した。公益法人改革関連3法とは、次の三つの法律から構成されていた。
　「一般社団法人及び一般財団法人に関する法律」（一般社団・財団法人法）、「公益社団法人及び公益財団法人の認定等に関する法律」（公益法人認定法）、「一般社団法人及び一般財団法人に関する法律及び公益社団法人及び公益財団法人の認定等に関する法律の施行に伴う関係法律の整備等に関する法律」（関係法律整備法）
　平成20年12月にこれらの法律が完全施行され、それから5年以内に新制度に完全に移行することとされた。これに伴って税制面においても平成20年税制改正により次のような改正が行われた。

1　特定公益増進法人の損金算入限度額の拡充
　特定公益増進法人等に係る寄附金の損金算入限度額について、次のように改正された。
【改正前】
$$（資本金額 \times \frac{2.5}{1,000} + 所得金額 \times \frac{2.5}{100}） \times \frac{1}{2}$$

【改正後】

$$（資本金額 \times \frac{2.5}{1,000} + 所得金額 \times \frac{5}{100}）\times \frac{1}{2}$$

2 特定公益増進法人の範囲の見直し

① 公益社団法人，公益財団法人については全て特定公益増進法人とされた。

② 旧民法第34条法人が特定公益増進法人の範囲から除外された。

3 公益社団法人，公益財団法人に係る改正

① 収益事業に属する資産から公益目的事業のために支出した金額をみなし寄附金とした。

② 寄附金の損金算入限度額を所得金額の50％とするが，公益目的事業の実施のために必要な金額として算出した金額（公益法人特別限度額）が所得金額の50％相当額を超えるときは，公益目的事業のために支出したみなし寄附金額について，公益法人特別限度額を損金算入限度額とした。これにより，実質的に収益事業に係る利益のほぼ100％まで公益目的事業へのみなし寄附処理とすることを可能にした。

XII グループ法人税制の導入

平成22年改正により，グループ法人税制が導入されたことにより，法人による100％完全支配関係にある法人間の寄附金について全額損金不算入の規定が，受贈益の益金不算入の規定（法法25の2①）と対応して法人税法第37条第2項に創設され，連結完全支配関係がある連結法人に対する寄附金の規定（改正前の第2項）は，改正後の第2項の規定に吸収された。

XIII 損金算入限度額の改正

平成23年12月改正において法人税率の引下げの財源とする意味もあって，一般の寄附金の普通法人に係る損金算入限度額が次のように改正され，平成

第1部　総　　論

24年4月以降開始事業年度から適用になった。

【改正前】
$$(資本金額 \times \frac{2.5}{1,000} + 所得金額 \times \frac{2.5}{100}) \times \frac{1}{2}$$

【改正後】
$$(資本金額 \times \frac{2.5}{1,000} + 所得金額 \times \frac{2.5}{100}) \times \frac{1}{4}$$

なお、特定公益法人に対する別枠の損金算入限度額は、一般の寄附金における上記の改正による縮減額を補うものとして次のように改正された。

【改正後】
$$(資本金額 \times \frac{2.5}{1,000} + 所得金額 \times \frac{5}{100}) \times \frac{1}{2}$$

【改正後】
$$(資本金額 \times \frac{3.75}{1,000} + 所得金額 \times \frac{6.25}{100}) \times \frac{1}{2}$$

第2部

個別論点

第1章 法人税法第22条第2項と寄附金

　第1部第4章沿革でも述べたように，昭和40年法人税法全文改正は，単に寄附金規定において寄附金の意義や寄附金課税の基本的考え方に基づいた整備を行っただけではなく，寄附金課税に新たな，かつ重要な役割をもたらしたといえる。すなわち，法人税法全文改正で設けられた法人税法第22条，特に第2項の益金の額における無償取引規定の創設により，この規定と寄附金課税のセットにより，法人間，特に関係会社間取引による利益移転の防止機能という重要な役割を寄附金課税にもたらしたといえる。そしてこの役割こそが，現在の寄附金課税の最も重要な機能・役割であるといえる。果たして，法人税法第22条第2項と寄附金課税のセットで関係会社間取引による利益移転等の防止機能が十分に機能しているかどうかを中心に検討する。

Ⅰ　第22条第2項と寄附金課税制度（限定説と無限定説）

　法人税法第22条第2項と寄附金課税については，限定説と無限定説がある。

1　限定説

　限定説とは，法人税法第22条第2項における無償取引に係る収益の額を認識すべきとする規定は，「別段の定めがあって初めて，課税の対象[1]」とするもので，寄附金の損金不算入等の別段の定めを適用する場合に限って，それに対

応して収益の額を認識する調整勘定に過ぎないという説である。したがって，法人税法第22条第2項の無償取引に収益の額を認識する場合は，別段の定めである寄附金規定等が適用される場合の貸方調整時に限定されるということになる。

　この説に基づく税務処理を仕訳で示すと次のようになる。資産（時価1,000，簿価100）を贈与した場合の例とする。

　　（借）寄　　附　　金　　1,000　　（貸）資　　　　産　　　100
　　　　　　　　　　　　　　　　　　　　　　譲　渡　収　益　　　900

　法人税法第37条に定める寄附金の額は譲渡時の資産の時価であることから，まず，借方の寄附金である時価1,000が定められる。貸方には資産の原価100が計上されるが，そのままでは貸借のバランスが取れないことから，法人税法第22条第2項の無償取引規定により，差額が収益の額として計上されるというものである。

2　無限定説

　無限定説とは，法人税法第22条の無償取引に係る収益の額の認識は，「正常な対価で取引を行った法人との対比において，税負担の公平を確保[2]」する見地から，無償取引全般について収益の額を認識すべきことを定めたもの（適正所得算出説）であり，無償取引に係る収益の額の認識は，寄附金の別段の定め等が発動される場合に限定されないという説である。

　この説に基づく税務処理を仕訳で示すと次のようになる。前提は上記の場合と同じ。

　　（借）寄　　附　　金　　1,000　　（貸）譲　渡　収　益　　1,000
　　　　　譲　渡　原　価　　　100　　　　　資　　　　産　　　100

　法人税法第22条第2項の無償取引規定の定めに基づき，時価相当額の総額を収益の額として計上する。その対価相当額は相手側に贈与したものとして寄附金の額を構成する処理になる。

1　岡村忠生「法人税法講義第3版」成文堂，43頁
2　金子宏「無償取引と法人税」所収「所得課税の法と政策」有斐閣，345頁

45

裁判例では，下記裁判例のように法人税法第22条第2項の無償取引に係る収益の額の計上を一部分，限定していると思われるものもあるが，通説は，無限定説によっている。

> **裁判例** 法人税法第22条第2項の無償取引と限定説
> （大阪高判昭和53年3月30日，判タ822号205頁，Ｚ097－4169）
>
> 営利法人が金銭（元本）を無利息の約定で他に貸付けた場合には，借主からこれと対価的意義を有するものと認められる経済的利益の供与を受けているか，あるいは，他に当該営利法人がこれを受けることなく右果実相当額の利益を手離すことを首肯するに足りる何らかの合理的な経済目的その他の事情が存する場合でないかぎり，当該貸付がなされる場合にその当事者間で通常ありうべき利率による金銭相当額の経済的利益が借主に移転したものとして顕在化したというるのであり，右利率による金銭相当額の経済的利益が無償で借主に提供されたものとしてこれが当該法人の収益として認識されることになるのである。

II 第22条第2項と寄附金課税制度による利益移転防止機能

1 単なる贈与による利益移転の場合

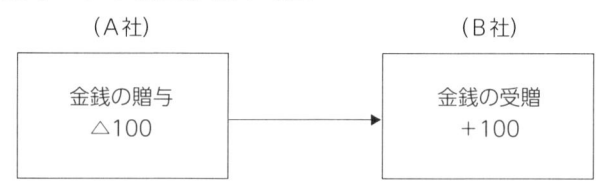

```
    （Ａ社）              （Ｂ社）
  ┌─────────┐        ┌─────────┐
  │ 金銭の贈与 │───────▶│ 金銭の受贈 │
  │  △100    │        │  ＋100    │
  └─────────┘        └─────────┘
```

【Ａ社】
　　（借）贈　与　損　失　　　100　　（貸）金　　　　　銭　　　100
【Ｂ社】
　　（借）金　　　　　銭　　　100　　（貸）受　贈　益　　　100

　仮にグループ法人間における金銭贈与について，法人の純資産の減少が単純に損金算入されると，上図のように，Ａ社において任意に損失の創出，及びＢ

社において利益の創出が可能になり，この取引により，A社からB社へ利益の移転が可能になる。その結果，A社が利益法人でB社が損失を抱えている法人の場合は，上記のような取引を行うことにより，利益法人から損失法人に移転させた利益の100について課税の回避を行うことが可能になる。

このような利益移転取引に対して，現行法人税は，完全支配関係にある法人間についてはグループ法人税制を適用し，防止を図っているといえるが，完全支配関係にある法人間以外の場合については，第22条第2項と寄附金課税制度のセットでの適用により対処している。

上図の取引に対して，第22条第2項と寄附金課税制度を適用すると次のようになる。

【A社】

　　（借）寄　　附　　金　　　100　　（貸）金　　　　　　銭　　　100

【B社】

　　（借）金　　　　　　銭　　　100　　（貸）受　　贈　　益　　　100

仮に，A社の寄附金の損金算入限度額が5であるとすると，A社において5だけが損金算入されるが残額の95は損金に算入されない。B社においては，100の受贈益が課税の対象になる。結果として，この金銭の贈与取引によるA社からB社への利益移転は，寄附金の損金算入限度額の範囲内の5に限定され，かつ，B社には100の課税利益（A社からの移転部分5を除くと95）が創出されることになる。これにより，A社からB社への利益移転は，ほぼ防止され，かつB社にも課税利益が創出されることから，このような利益移転取引に対する防止，抑制効果が生ずることになる。

2　無償の資産の譲渡による利益移転

上記の単純な金銭の贈与以外に資産の無償取引が行われる場合についても，上記1と同様な問題が発生する。

```
        (A社)                    (B社)
   ┌──────────────┐         ┌──────────────┐
   │ 資産の無償譲渡 │ ──────→ │ 資産の無償譲渡 │
   │ ・時価 1,000 │         │ ・取得時価 1,000│
   │ ・簿価  100 │         │              │
   └──────────────┘         └──────────────┘
```

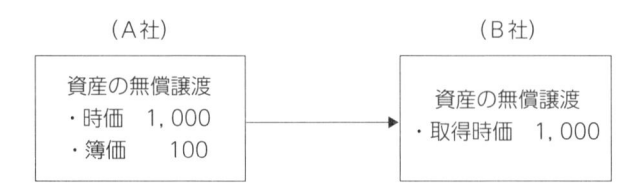

【A社】

(借) 贈 与 損 失　　1,000　　(貸) 譲 渡 収 益　　1,000
　　 譲 渡 原 価　　 100　　　　 資　　　　産　　 100

【B社】

(借) 資　　　　産　　1,000　　(貸) 受 　贈　 益　　1,000

　この場合も，A社の贈与損失の損金算入を容認すると，上記1で述べたようにA社からB社に対して1,000の利益移転が行われることになってしまう。そこで，現行法人税法は，グループ法人税制の適用がない場合は，法人税法第37条の別段の定めにより，A社の贈与損失を寄附金として損金算入限度額の計算の対象として，損金算入に制限を加えて，利益移転の防止，抑制効果を図っている。

3　無償の役務提供による利益移転

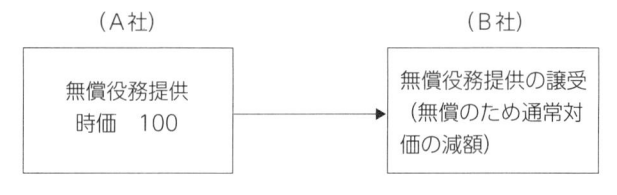

```
        (A社)                    (B社)
   ┌──────────────┐         ┌──────────────┐
   │ 無償役務提供  │ ──────→ │ 無償役務提供の譲受│
   │ 時価  100    │         │ (無償のため通常対 │
   │              │         │  価の減額)       │
   └──────────────┘         └──────────────┘
```

【A社】

(借) 対 価 喪 失 損 失　　100　　(貸) 受 取 対 価 収 益　　100

【B社】

　　処理なし（次の仕訳の省略と考えられる）

(借) 支 払 役 務 提 供 料　　100　　(貸) 受 　贈　 益　　100

　資産ではなく，無利息融資や無償による資産の貸付けのような無償による役務提供の場合は，役務提供者側のA社において役務提供に伴う対価の時価相当額が喪失する。一方，無償により役務提供を受けた側のB社は，本来ならば支

払うべき通常の役務提供料が生じないことになる。この場合に、仮にA社の対価喪失損失の損金算入を容認すると、無償による役務提供取引においては、A社においては、受取対価収益と対価喪失損失とが相殺されて何も税務上の処理をしないのと同じになる。後記Ⅲ1③で触れるようにB社においても処理がないことから、結果的に、役務提供により生ずる利益がA社からB社に移転することになる。そこで現行法人税法は、グループ法人税制の適用がない場合は、法人税法第37条の別段の定めにより、A社の無償による役務提供を「無償による経済的利益の供与」として、「供与時における経済的利益の価額（上図の無償役務提供の時価100）」を寄附金として損金算入限度額の計算の対象として、損金算入に制限を加えて、利益移転の防止、抑制効果を図っている。

Ⅲ 第22条第2項と寄附金課税の問題点

1 利益移転の防止機能のバラツキ

法人間での無償取引による利益移転に対して、第22条第2項と寄附金課税による対応には、大きな問題点があった。その問題点の一つは、寄附金の損金算入限度額の問題である。寄附金の損金算入限度額は所得基準と資本基準とにより損金算入限度額が形式基準で計算される。このため、資本金等の額が大きく、特に多額の所得基準額を有する大企業等では多額の損金算入限度額が計算されることになり、結果的に法人間の所得移転が思うままに可能になってしまう問題点があった。他方、中小法人の場合のように寄附金の損金算入限度額が少額な場合は、逆に、法人間での取引に対して取引法人で二重課税にも似たような結果が生ずることになる。若干の例で示すと次のとおりである。

① 損金算入限度額が多額にある場合

例1 資産の無償譲渡で損金算入限度額が多額にある場合・利益移転が可能

【事例】
・移転資産　簿価100，時価1,000，A社の寄附金の損金算入限度額2,000とする。
・グループ法人税制の適用なし。

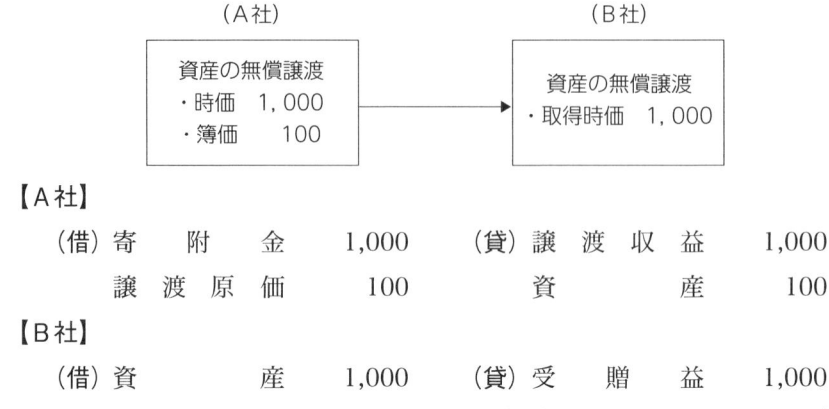

```
            (A社)                    (B社)
   ┌─────────────────┐      ┌─────────────────┐
   │ 資産の無償譲渡  │      │ 資産の無償譲渡  │
   │ ・時価  1,000   │─────▶│ ・取得時価 1,000│
   │ ・簿価    100   │      │                 │
   └─────────────────┘      └─────────────────┘
```

【A社】

(借) 寄　附　金　　1,000　　(貸) 譲　渡　収　益　　1,000
　　 譲　渡　原　価　　100　　　　 資　　　産　　　　100

【B社】

(借) 資　　　産　　1,000　　(貸) 受　贈　益　　　　1,000

この場合は，A社には寄附金の損金算入限度額が充分にあるため，この無償譲渡により，ネットで－100（損失）が生じ，B社には1,000の益金が生ずる。通常の譲渡であれば，A社において課税されるべきであった資産の譲渡収益につき，A社，B社間で利益移転が行われたことになる。

② 損金算入限度額が少額の場合

　例2　資産の無償譲渡で損金算入限度額がごく少額しかない場合

【事例】
- 上記1と全く同じケースであるが，A社の寄附金の損金算入限度額が5しかない場合である。
- グループ法人税制の適用なし。

この場合は，A社には寄附金の損金算入限度額が5しかないため，この無償譲渡により，ネットで＋895（益金）がA社に生じ，B社には1,000の益金が生ずる。この取引により，譲渡益900（寄附金の損金算入限度額控除後で895）に対する課税にとどまらず，A社及びB社合計で1,895の二重課税にも似た課税利益が生じてしまうことになる。上記①と全く同じ取引を行っているにもかかわらず，寄附金の損金算入限度額の相違により，取引当事者における課税所得が大幅に変わってくる。

③　無利息融資の場合
例3　無利息融資の場合
【事例】

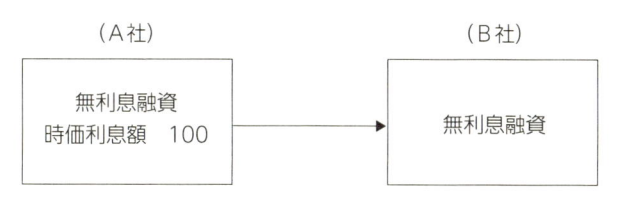

```
   (A社)                      (B社)
┌─────────────┐          ┌─────────────┐
│  無利息融資    │          │             │
│  時価利息額 100│ ────→   │  無利息融資  │
└─────────────┘          └─────────────┘
```

・金銭1,000の無利息融資，利息の時価相当額100，A社の寄附金の損金算入限度額500。
・グループ法人税制の適用なし。

【A社】

　（借）寄　附　金　　　100　　（貸）受　取　利　息　　　100

【B社】

処理なし

　この場合は，A社には寄附金の損金算入限度額が500あるため，受取利息とネットするとこの無利息融資に係る課税利益は0である。この無利息融資に関して，B社には税務上の処理は，一般的には生じさせないとされている。仮に処理をするとなると支払利息　100／受贈益　100となり，所得金額計算上は相殺されて処理しないのと同様になることを考慮した便宜的な取扱いである。この結果，A社のみならず，B社においても表面上は個々の取引による課税所得は生じないことになる。

2　無償による役務提供の場合の問題点

　無利息融資や資産の無償貸付けの場合には，上記でも確認したように，無利息融資や無償貸付けを受けた法人について，これらの無償による役務提供によって受ける利益を認識しないこととされている。法人税法第22条第2項においても収益の額に計上する例示に，「無償による資産の譲受け」は記載されているが，「無償による役務の提供を受けること」は記載されていない。例えば，無償で事務所を借りた場合は，その無償で借りた法人は，それによる利益

— 51 —

を受けていることは間違いない。にもかかわらず、その利益をあえて認識せず、計上処理を行わないのはなぜであろうか。

この点については、「無償による役務の提供については、それによって支出すべき費用が減少し、その分課税所得が増加することから、その経済的利益を益金とする必要がない」としている[3]。例えば、通常家賃100の事務所を無償で借りることになった場合を考えてみる。

その無償で借りた法人の、この家賃を除いたところで計算した利益金額が1,000とする。

仮に通常家賃を支払うとすれば、その者の利益金額は支払家賃100の損金算入により900になるはずである。その家賃を支払わないことにより、その分だけ利益金額が増額することになっているので、さらに通常家賃相当額の利益の調整は必要ないことになる。別の観点からみると、無償で借り受けている場合につき実質的にみれば、通常家賃100を貸主に支払って、同額を貸主から贈与してもらっているのと同じであるということができる。仕訳で示すと、次のようになって結局家賃と受贈益が相殺されて、結果的には何の処理をしないのと同じになることから、処理を省略するという便宜的な処理を採っているといえる。

　　（借）支　払　家　賃　　　100　　（貸）現　　　　　金　　　100
　　（借）現　　　　　金　　　100　　（貸）受　　贈　　益　　　100

上記のように無償による役務提供について、無償による役務提供を受ける側で特別の処理が行われないというのは、受贈益と支払役務提供料を相殺する便宜的処理に過ぎないと考えるならば、法人税法第22条第2項において、「無償による役務の提供を受けること」が明記されていないのは、便宜的な省略処理に過ぎないと考えられる。したがって、グループ法人税制の場合の処理において両建処理することを排しているほどの法的意味をもつとは考えられない[4]。

3　岡村忠生「法人税法講義第3版」成文堂、42頁、中村利雄「法人税の課税所得計算改訂版」ぎょうせい、58頁
4　金子宏「無償取引と法人税」所収「所得課税の法と政策」有斐閣、359頁では、無償による役務提供を受ける側で益金処理をしないことは、「文理からはそれが唯一の結論であるとはいい切れない」としている。

そのことは，法人税法第22条第2項の取引の列挙が例示であることからもそのようにいえる。したがって，グループ法人税制のように省略しない意味がある場合は，両建処理を行うことは法解釈として許されると考えられる。

3 著しい二重，三重課税

他の問題点として，受贈益の計上による二重課税の問題点が指摘される。例えば次のような簡単な事例を検討してみよう。この事例の各取引に第22条第2項と寄附金課税が適用されるとすると甲社，乙社，丙社の各課税所得及びその合計額はいくらになるか計算してみる。

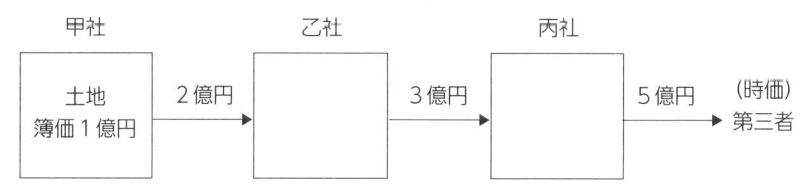

```
    甲社              乙社              丙社
┌──────────┐  2億円  ┌────────┐  3億円  ┌────────┐  5億円   (時価)
│  土地    │───────▶│        │───────▶│        │────────▶ 第三者
│簿価1億円 │        │        │        │        │
└──────────┘        └────────┘        └────────┘
```

* 甲社，乙社，丙社の各法人はグループ会社であるがグループ法人税制の適用はないものとする。
* 簡略化するために各法人とも寄附金の損金算入限度額をゼロとする。
* 甲社の土地簿価を1億円とし，土地の時価は5億円とする。転売は短期間で行われたものとし，土地の時価に変動はないものとする。

【解答】
1 甲社：土地収益5億円，土地原価1億円，寄附金3億円（全額損金不算入）
　　　　→課税所得金額　4億円
2 乙社：受贈益3億円，土地収益5億円，土地原価5億円，寄附金2億円
　　　　（全額損金不算入）
　　　　→課税所得金額　3億円
3 丙社：受贈益2億円，土地収益5億円，土地原価5億円
　　　　→課税所得金額　2億円
4 グループ合計課税所得金額　9億円

単純に第3者に土地を5億円で売却すれば4億円の課税所得金額で済んだものが，乙社，丙社へ低額転売することにより3社合計で倍以上の9億円の課税

所得金額が発生することになる。これは，上記のように資産の譲り受ける側における受贈益の計上によるもので，二重，三重課税の結果である。

上記事例の基となっている裁判例（大阪高判昭和59年6月29日・判時1140号62頁Z136-5375）がある。グループ会社間の転売による利益移転により，グループ各社に存在する多額の繰越欠損金の損金算入を利用し，土地譲渡に伴う譲渡益に対するグループ全体の税負担の軽減を図った事案である。その裁判例の事案では，たまたま，転売価額を特定した転売特約が付されていたため，時価がその転売特約価額に拘束されるものとして，結果的に上記事例のような極端な二重，三重課税は免れる判断を裁判所は行ったが，仮に転売特約がなければ，上記事例と同様な課税が行われることになった[5]。

Ⅳ 問題点の打開策（グループ法人税制の創設）

グループ法人間での無償取引等による利益移転の防止策については，平成22年度税制改正により，完全支配関係にある法人間での取引については，グループ法人税制が創設された。

グループ法人税制は，次のようないくつかの項目からなる税制の総称で，完全支配関係がある法人間での取引においては損益を生じさせないことを原則とするものである。

(1) 完全支配関係にある内国法人間において譲渡損益調整資産を譲渡した場合の譲渡損益の繰延べ
(2) 法人による完全支配関係にある法人間での寄附金・受贈益の損金不算入，益金不算入
(3) 完全支配関係にある法人間での受取配当等の益金不算入
(4) 完全支配関係にある法人間でのみなし配当による株式等の譲渡損益の不計上
(5) 完全支配関係にある法人間での適格現物分配などの諸制度

---

[5] 大淵博義「役員給与・交際費・寄附金の税務」税務研究会出版局，595頁参照（1997年）

グループ法人税制の適用により，法人による完全支配関係にある法人間における寄附金又は受贈益について損金不算入又は益金不算入となることから，法人間での二重課税が排除されるようになっている（一段階説）。また，資産の譲渡損益についても，一旦は繰り延べられるが，譲渡を受けた法人で転売等が行われると，元々，譲渡損益調整資産を有していた法人で譲渡損益が実現して課税が行われるようになっている。

法人による完全支配関係のあるグループ法人間の金銭の贈与にグループ法人税制を適用すると次のようになる。

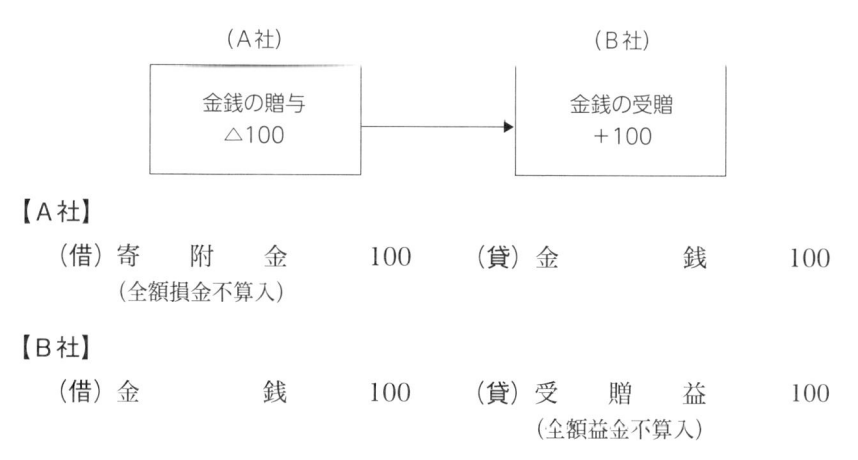

```
     (A社)                    (B社)
┌──────────────┐      ┌──────────────┐
│  金銭の贈与   │      │  金銭の受贈   │
│    △100      │─────▶│    +100      │
└──────────────┘      └──────────────┘
```

【A社】

（借）寄　附　金　　100　　（貸）金　　　銭　　100
　　　（全額損金不算入）

【B社】

（借）金　　　銭　　100　　（貸）受　贈　益　　100
　　　　　　　　　　　　　　　　（全額益金不算入）

A社の寄附金は全額損金不算入（法法37②）になり，これに対応してB社の受贈益も全額益金不算入（法法25の2①）になる。この処理によれば，この贈与取引により，A社，B社には，利益の移転は一切生じないことになり，特に受贈側に受贈益の創出も発生しないことになる。この処理は，従来から主張されていた一段階説に近い処理になる。一段階説というのは，法人税法第22条第2項の無償取引の説明でよく用いられる二段階説に対抗して主張されたものである。いわゆる「二段階説の擬制の代わりに，通常の対価相当額による取引のみがあったという擬制に基づいて，取引の両当事者を通じて一貫した調整措置を求める」考え方である[6]。この調整方法では，資産の無償譲渡の場合には，

6　金子宏「無償取引と法人税」所収「所得課税の法と政策」有斐閣，355頁

譲渡した法人はその資産の時価相当額を益金に算入するが，同額を寄附金に算入することは認められない。資産の譲受人は，その資産を時価で取得したものとして時価相当額の取得価額は付すが，同額の受贈益を益金の額に算入することはないとされている。

ほぼこの考え方と同様な調整措置がグループ法人税制の寄附金の損金不算入と受贈益の益金不算入の措置である。

V 今後の課題

1 二次調整の問題点

グループ法人税制では，寄附金の損金不算入，受贈益の益金不算入（寄附修正事由）が生じた場合には，二次調整として，完全支配関係にある子会社株式を有する親会社において，株式の簿価修正が行われることになっている（法令9①七，119の3⑥）。損失，利益の二重計上を防止するための措置である。理論的には多段階の調整が必要であるが，現行法では執行上の煩雑さを考慮して一段階のみとなっている。

2 実態に即した資本取引の認定

親子会社間，関係会社間での利益移転取引に対して，上記のように日本では法人税法第22条第2項と寄附金課税のセットで対応していることを見て取ることができる。日本の法人税法が，関係会社間における利益移転について寄附金課税で対応しているのは先進諸外国と比較して極めて特異であることを指摘しておく必要がある。

ドイツでは所得算定の一般法理として，有名な「隠れた利益配当」，「隠れた払込み」により対処している。また米国においては，移転価格税制（内国歳入法典482）を中心として，事実認定における認定配当，認定出資，及び経費控除の一般規定である「通常かつ必要な」費用控除（同法典162），真正な損失の控除（同法典165）などにより対処している[7]。

日本のように，関係会社間での利益移転について，総じて法人税法第22条第2項及び寄附金課税（特に寄附金課税）で対処しているのは極めて特異であるといえる。

日本のように対価性のない取引を全て寄附金としてしまう処理は，煩雑な事実認定を行う必要がなく，便宜的な処理であるという「利点」もあるが，上記のようにいくつかの問題点も生じている。

いずれの制度が優れているのかは，制度の一部分だけでなく法人税の課税制度全体との関係で検討し，対処していく必要があると思われる。

3　グループ法人税制の適用範囲

グループ法人税制は，その適用範囲が完全支配関係にある法人間での取引に限定されている。極端にいえば1％でも持株割合を移動すれば，グループ法人税制の適用はないことになり，容易にグループ法人税制外しが可能である。

そのような問題点を是正するには完全支配関係にある法人間の取引から，その適用範囲を拡大することが考えられる。例えば100％を80％以上にするとか50％超にするとかは理論的には考えられなくはない。しかし，全法人の97％から98％が同族会社である状況下で，そのほとんどの取引にグループ法人税制を適用することが，実務執行上可能であるかは疑問である。

これまで，法人税法第22条第2項と寄附金課税のセットで関連会社間取引における所得移転に対応してきた日本の制度は，世界的に見れば極めて特殊な制度であると考えられる。平成22年度税制改正のグループ法人税制の導入により，その見直しに着手されたが，今後の展開の方向性をどのように定めるのかが重要な課題である。

7　ドイツ，米国における関係会社間における利益移転取引についての法人税における処理の紹介と分析については，増井良啓「結合企業の課税の理論」東京大学出版会，149頁以下が詳しい。

第2部　個別論点

第2章 子会社整理・再建支援と寄附金

債務超過に陥った子会社等の整理，再生に際して債権放棄等の支援策が行われることは少なくない。しかし，子会社といえども別人格である会社に親会社等が無償の経済的利益の供与を行えば，法人税法上は，原則として寄附金課税の対象になる。その場合の例外的取扱いである法人税基本通達9－4－1，9－4－2について検討する。

Ⅰ　子会社整理・再建支援に伴う損失負担等と寄附金課税

1　債権放棄等と寄附金課税

寄附金の額は，寄附金，拠出金，見舞金その他いずれの名義をもってするかを問わず，法人が金銭その他の資産又は経済的な利益の贈与又は無償の供与（広告宣伝及び見本品の費用その他これらに類する費用並びに交際費，接待費及び福利厚生費とされるべきものを除く）をした場合におけるその金銭の額若しくは金銭以外の資産のその贈与の時における価額又は当該経済的な利益のその供与の時における価額によるものとするとされている（法法37⑦）。

したがって，法人税法第37条にいう寄附金とは，「名義のいかんや業務との関連性の有無を問わず，法人が贈与又は無償で供与した資産又は経済的利益，換言すれば，法人が直接的な対価を伴わないでした支出を広く指称するものと解すべき」である（広島高判昭和57年9月30日）。

そこで，経済的利益の無償の供与等に当たることが肯定されれば，それが法人税法第37条第7項かっこ内所定のものに該当しない限り，それが事業と関連を有し法人の必要な費用といえる場合であっても，寄附金性を失うことはないことになる。

このような寄附金の意義からすれば，たとえ，親会社による経営危機に陥った子会社等の整理又は再建のためにする経済的利益の無償供与であるとしても，無償供与である以上，厳密には法人税法の寄附金の概念に含まれそうである。

2 法人税基本通達9－4－1，9－4－2の趣旨

上記のように，法人が経営危機に陥った子会社等や取引先等の整理を行うために，債権放棄や債務の引受け等の損失負担を余儀なくされる場合がある。また，子会社等の倒産等を防止するために損失負担，債権放棄及び無利息貸付け等を行うことがある。親会社等によるこれらの損失負担が無償による経済的利益の供与等であるとして，寄附金の額とされて損金不算入とされることになれば，親会社等に新たな税負担が生じて子会社の整理や再建等を実現することは著しく困難に陥ることになる。このため，親会社によるこれらの損失負担等がやむを得ず行われるもので相当な理由があると認められるときは，寄附金の額に該当しないとする取扱いが設けられており，この取扱いを定めたものが，法人税基本通達9－4－1，9－4－2である。この通達の趣旨は、これらの支出は費用性が明確であることによるとされている。この点について、裁判例では次のように判示している。

> **裁判例** 法人税基本通達9－4－1，9－4－2の趣旨
> （東京地判平成19年6月2日，税資257号順号10725, Z257－10725)
>
> 法人による金銭債権の放棄は，その全額の回収ができないことが明らかとなったことを理由として行われる場合，すなわち貸倒れの場合は，貸倒損失として損金に算入することができることはいうまでもない（法人税基本通達9－6－2参照）。これに対し，回収が可能であるのに放棄をすれば，債務者に経済的な利益

を無償で供与したことになるから，法人税法37条7項の規定する寄附金に該当する。しかし，(略)，そのような債権放棄であっても，客観的にみてその費用性が明白であると認められれば，寄附金に該当しないということができる。金銭債権の放棄が寄附金に該当しない（客観的にみて明白に費用と認められる）例として，子会社など資本関係，取引関係，人的関係，資金関係等において密接なつながりのある会社が業績不振に陥り，その子会社等を整理するに当たり，あるいはその倒産を防止するために（再建のために），債権を放棄する場合が挙げられる。このような場合，債権放棄などの支援を行わなければ，かえって支援する側の法人自身が将来的に大きな損失を被ることがあり得るからである。法人税基本通達9－4－1及び同9－4－2は，このような観点から，一定の要件の下において債権放棄等が寄附金に該当しないことを定めたものであると解され，その趣旨は正当である。

Ⅱ 法人税基本通達9－4－1，9－4－2の基本的考え方

　子会社等整理損失，子会社等再建支援損について，寄附金の額に該当しないという取扱いである法人税基本通達9－4－1，9－4－2について以下，基本的考え方，基本的論点について触れる。

1　貸倒損失との関係

　法人が関係会社等の整理のために，又は再生に係る支援策として債権放棄を行った場合に，貸倒損失該当性又は寄附金該当性に係る事実認定をどのような順序で行うべきかが問題になる。この点について，まず，貸倒損失に該当するかどうかの事実認定を先に行い，その次に寄附金該当性を判断すべきことは，理論的に明らかである。なぜならば，法的であれ，経済的であれ債権が消滅し貸倒損失の要件を満たしていれば，債権そのものが消滅していて存在しないのであるから，債権放棄したとしても債権が消滅しているという事実を追認したに過ぎず，経済的利益の供与を行ったとはいえないため寄附金に該当する余地

がないからである。

　したがって，まず，債権そのものが消滅しているかどうかを確認することになる。債権そのものが回収不能な債権として消滅している場合は，原則として貸倒損失の事実が生じていることになる。そこで，債権そのものが回収不能な債権として消滅していると認定できない場合には，次に，寄附金該当性が問題になる。債権放棄等が，倒産の危機に瀕している関係会社の整理，再生等のためにやむを得ず行われるもので相当な理由があると認められるときは，法人税基本通達9－4－1，9－4－2の取扱いに該当して，寄附金に該当しないことになる。

2　法人税基本通達9－4－1，9－4－2と条文の解釈方法

　法人税基本通達9－4－1，9－4－2は，「損失負担等をしなければ今後より大きな損失を蒙ることになることが社会通念上明らかであると認められるためやむを得ずその損失負担等をするに至った等そのことについて相当な理由があると認められるときは，その損失負担等により供与する経済的利益の額は，寄附金の額に該当しないものとする。」(法基通9－4－1)，「無利息貸付け等が例えば業績不振の子会社等の倒産を防止するためにやむを得ず行われるもので合理的な再建計画に基づくものである等その無利息貸付け等をしたことについて相当な理由があると認められるときは，その無利息貸付け等により供与する経済的利益の額は，寄附金の額に該当しないものとする。」(法基通9－4－2)と定めている。

　債権放棄等が，倒産の危機に瀕している関係会社の整理，再生等のためにやむを得ず行われるもので相当な理由があると認められるときは，寄附金の額に該当しないという取扱いについて，法人税法第37条第7項の条文の解釈をどのようにするかという問題がある。

　二つの解釈方法がある。一つは，これらの債権放棄等の損失負担は，法人税法第37条第7項かっこ書きの除外費用として解釈するというものである。この解釈は，かっこ書きで列挙されている広告宣伝・見本品費用及び交際費・福利厚生費は例示であって，明らかに法人の費用とすべきものであれば法人税法

第37条の寄附金の額からは除かれると解するものである[1]。このような解釈を示した裁判例としては次のものがある。

> **裁判例　かっこ書きの除外費用とする解釈**
> （東京地判平成19年6月12日，税資257号順号10725，Z257－10725）
>
> 　法人税法37条7項の括弧書が，『資産又は経済的な利益の贈与又は無償の供与』であっても，『広告宣伝及び見本品の費用その他これらに類する費用並びに交際費，接待費及び福利厚生費とされるべきもの』（以下「広告宣伝費等」という。）は寄附金からは除くこととしているのは，広告宣伝費等の支出は，その費用としての性格が明白であるため，全額を損金に算入することとして差し支えがないからである。
> 　以上の趣旨からすると，たとえ広告宣伝費等には当たらない支出であっても，その費用性が明白であるものは，寄附金には該当せず，損金算入限度額の制限を受けることなく全額を損金に算入することができると解することができる。……（中略）……債権放棄であっても，客観的にみてその費用性が明白であると認められれば，寄附金に該当しないということができる。金銭債権の放棄が寄附金に該当しない（客観的にみて明白に費用と認められる）例として，子会社など資本関係，取引関係，人的関係，資金関係等において密接なつながりのある会社が業績不振に陥り，その子会社等を整理するに当たり，あるいはその倒産を防止するために（再建のために），債権を放棄する場合が挙げられる。

　もう一つの解釈方法は，昭和53年3月30日大阪高裁判決の判示に基づいた平成10年通達改正前の法人税基本通達9－4－2の記述などが典型的なものである。すなわち，改正前通達は，子会社等の再建のための無利息融資について「その貸付けは正常な取引条件に従って行われたものとする。」と定めており，第37条第7項かっこ書きは，かっこ内で列挙されているものに限定されており，列挙されている以外の費用は含まれないという限定説を前提とした解

1　岡村忠生「法人税法講義［第3版］」成文堂，158頁（2007年）

釈である。この解釈方法によれば，法人税基本通達9－4－2の無利息融資等をかっこ書きの費用として寄附金から除外するのではなく，そもそも正常な取引としてとらえ，利息収入を認識しないとする解釈になる。この解釈方法の問題点は，債権放棄の場合には適用し難いことである。無利息融資のように収益を認識しないのと異なり，債権放棄の場合は必ず，債権放棄に伴う損失を認識せざるを得ないからである。そこで，平成10年改正により，法人税基本通達9－4－2の支援策に債権放棄等も含まれることを明らかにするとともに通達の文言を「寄附金の額に該当しない」と改正している。もっとも行政庁職員による通達逐条解説においては，依然として「税務上も正常な取引条件に従って行われたものとして取り扱い」と解説しており，通達改正前と同様に考えている記述が行われている[2]。

なお，裁判例では，昭和53年3月30日大阪高裁判決を踏襲してその後の裁判例でも次のように限定説に立っている記述のものが多いように思われる。

裁判例 　**正常な取引条件に従って行われたものとする解釈**
（東京地判平成4年9月24日，行裁集43巻8・9号1181頁，Z192－6972）

法人が第三者に対して債権の放棄等を行う場合であっても，その債権の回収が可能であるのにこれを放棄するというのではなく，その回収が不能であるためにこれを放棄する場合や，また，法人が第三者のために損失の負担を行う場合であっても，その負担をしなければ逆により大きな損失を被ることが明らかであるため，やむを得ずその負担を行うといった場合，その経済的利益の供与につき経済取引として十分首肯し得る合理的理由がある場合には，実質的にみると，これによって相手方に経済的利益を無償で供与したものとはいえないこととなるから，これを寄付金として扱うことは相当でないものと考えられる[3]。

2 　森文人編著「法人税基本通達逐条解説（六訂版）」税務研究会出版局，869頁
3 　この判示については，無限定説の立場からの批判（増井良啓「関連会社に対する売上値引きの寄付金該当性」ジュリスト，1044号，144頁）がある。

3　債権放棄等が寄附金に該当するか否かの要件

　法人税基本通達9－4－2によれば，子会社等に無利息融資，債権放棄等（無利息融資等という）をした場合に，その無利息融資等による損失負担が，寄附金に該当しないといえるためには，「その無利息貸付け等が例えば業績不振の子会社等の倒産を防止するためにやむを得ず行われるもので合理的な再建計画に基づくものである等その無利息貸付け等をしたことについて相当な理由があると認められる」必要があるとしている。通達では，「やむを得ず」，「合理的な再建計画」，「相当な理由」などの不確定概念が用いられているが，この通達の適用要件をどのように整理するかが問題となる。

　この点について，裁判例等では次のように整理している。すなわち，通達の記述を基に，債権放棄等が寄附金に該当しないためには，①その債権放棄等がやむを得ず行われるものであること（必要性）と，②その債権放棄等について相当な理由があること（相当性）の二つの要件を満たす必要があると整理している。この要件は法人税基本通達9－4－1の場合も同様である。

> **裁判例**　債権放棄等の支援損の寄附金非該当要件
> （大阪高判平成17年2月18日，税資253号順号9454，Z253－9454）
>
> 　債権放棄等（無利息貸付け等）が寄附金に該当しないといえるためには，当該債権放棄等がやむを得ず行われるものであること（必要性）と，当該債権放棄等について相当な理由があること（相当性）が必要である。すなわち，会社がその債権を放棄することは，会社の経営判断に基づいて任意に行うことができるが，それが寄附金に該当せず損金に算入するものとして認められるについては，上記の要件を満たす必要があるというべきである。

　必要性の要件については，子会社等が倒産の危機に瀕しているかどうかということが重要であり，その債権放棄等を行わなければ，倒産してしまうような危機的状況にあることをいうものと解される。

4 要件の具体化

　子会社等に対する債権放棄等に係る寄附金に該当しない要件である「必要性」と「相当性」については，実務的にはさらに細目化されて次のようになっている。

第2部 個別論点

再建支援等事案に係る検討項目及びその概要

検 討 項 目 及 び そ の 内 容	
再 建 の 場 合	整 理 の 場 合

1．損失負担の必要性

(1)．事業関連性のある「子会社等」であるか
　　資本関係，取引関係，人的関係，資金関係等の事業関連性を有するか

↓

(2)．子会社等は経営危機に陥っているか

イ　債務超過等倒産の危機に瀕しているか	イ　整理損失は生じるか（実質債務超過か）
ロ　支援がなければ自力再建は不可能か	ロ　支援がなければ整理できないか

↓

(3)．支援者にとって損失負担等を行う相当な理由はあるか
　　再建又は整理することにより将来のより大きな損失の負担を回避等できるか

2．再建計画等（支援内容）の合理性

↓

(1)．損失負担額（支援額）の合理性（要支援額は的確に算定されているか）
　イ　損失負担額（支援額）は，再建又は整理するための必要最低限の金額となっているか
　ロ　自己努力はなされているか

↓

(2)．再建管理等の有無

再建管理は行われるか	整理計画の管理は行われるか（長期の場合）

↓

(3)．支援者の範囲の相当性
　イ　支援者の範囲は相当か
　ロ　支援者以外の事業関連性を有する者が損失負担していない場合，合理的な理由はあるか

↓

(4)．負担割合の合理性
　　事業関連性からみて負担割合は合理的に決定されているか

　　　　　　　　　　　　　　　　　　↓　いずれにも該当する場合

寄 附 金 に 該 当 し な い

国税庁HPタックスアンサー「No.5280　子会社等を整理・再建する場合の損失負担等に係る質疑応答事例等」

実務的には，これらのチェック項目に基づき，これらの項目に該当することを示す客観的な資料による根拠付けが必要である。

通達等の文言から，裁判例では，「必要性」の要件とされていたものは，実務上のチェック項目では，「損失負担の必要性」と整理されており，「相当性」の要件とされていたものは，「再建計画等（支援内容）の合理性」と整理されている。

(1) 損失負担の必要性
　① 損失負担等を受ける者は，事業関連性のある「子会社等」に該当するか
　② 子会社等は経営危機に陥っているか（倒産の危機にあるか）
　③ 損失負担等を行うことは相当か（支援者にとって相当な理由はあるか）
(2) 再建計画等（支援内容）の合理性
　① 損失負担等の額（支援額）は合理的であるか（過剰支援になっていないか）
　② 整理計画の管理・再建管理はなされているか（その後の子会社等の立ち直り状況に応じて支援額を見直すこととされているか）
　③ 損失負担等をする支援者の範囲は相当であるか（特定の債権者等が意図的に加わっていないなどの恣意性がないか）
　④ 損失負担等の額の割合は合理的であるか（特定の債権者だけが不当に負担を重くし又は免れていないか）

5 経営危機等の判断の厳格性

上記4のチェック項目のうち，損失負担の必要性の最も重要な要素は，「上記(1)②子会社等が経営危機に陥っているかどうか」であり，その判断は極めて厳格である。相当額の債務超過にある子会社が，倒産の危機にあったとまではいえないとし，債権放棄額を寄附金の額とした裁判例に次のようなものがある[4]。

---

[4] 比較的最近の裁判例としては他に東京高判平成18年1月24日，大阪高判平成17年2月18日などがある。

> **裁判例** 債権放棄額を寄附金の額とした事例
> （東京地判平成19年6月12日，税資257号順号10725，Z257－10725）
>
> 　原告は，平成14年3月期において○○（原告の支援対象の子会社……筆者注）が9億円を超える債務超過の状態にあった以上，○○が倒産の危機にあったことは当然であると主張する。確かに，一般的には，債務超過の状態にあることは倒産の危機にあることの指標であるといえるが，仮に決算上債務超過の状態にあったとしても，その会社の置かれた現実の状況の下では，事業を継続し自力で再建できる場合もあると解される。○○についてみても，同社は，平成8年3月期以降毎事業年度債務超過の状態にあり，平成10年3月期以降はその金額もほぼ同じようなレベルにありながら，営業を継続していたのであるから，平成15年3月当時も債務超過の状態にあったというだけでは，直ちに倒産の危機にあったということはできず，その経営状況を個別に検討する必要があるというべきである。
>
> 　以上の点にかんがみれば[5]，平成15年3月の時点において，○○が決算書上債務超過の状態にあったことを考慮しても，同社が倒産の危機にあったとまで認めることはできない。したがって，その余の点について判断するまでもなく，本件債権放棄は，○○の倒産防止のためやむを得ず行われたものということはできないといわなければならない。
>
> 　確かに，原告の経営判断として，自己の投資拡大のために子会社に対する債権を放棄するという選択はあり得るところであり，その当否は論評の限りではない。しかし，前記において検討したとおり，法文上寄附金に該当するものについてその寄附金該当性を否定するためには，客観的にみて費用性が明白であるといえなければならないのであって，子会社の倒産防止のための債権放棄についてこれをみれば，前提として子会社の倒産の危機という事実が認められなければならないことは，既に述べたとおりである。したがって，原告の上記主張には理由がない。

　また子会社等の赤字相当額を補填した「値引き」が，「倒産の危機に陥っていない」状況下で行われたものに過ぎないとされたものもある。

5　金融機関の対応状況，キャッシュフロー分析，再建計画の考え方・実行状況，設備投資の状況などを検討したところにかんがみればということである。

> **裁判例** 危機的状況が切迫した状態にまでは至っていないとされた事例
> （東京高判平成4年9月24日，行裁集43巻8・9号1181頁，Z192-6972)
>
> 　法人が債権の放棄等を行う場合であっても，例外的に，実質的にみると経済的利益の無償供与とはいえない場合があり得ることは前記のとおりである。しかし，原審証人K及びGの各証言によれば，本件値引きが行われた当時，T製鋼の業績は悪化していたものの，倒産や解散が差し迫っているというような危機的状況が切迫した状態にまでは至っていなかつたと認められ，右業績の悪化によりX社自体の経営，信用にも重大な支障が生ずることが懸念される状況にあつたことはうかがわれるものの，本件全証拠によっても，その時点で本件売上値引きを行わなければ，X社の死活にかかわるような経営，信用の危機に陥る切迫したおそれが明らかに存したとまでは到底認められず，また本件売上値引きにつき経済取引として十分首肯し得る合理的理由があつたとは認められない。

　このように，法人税基本通達9-4-1，9-4-2に係る「必要性」要件の主たる内容である支援対象会社が「経営危機に陥っているかどうか」は，その債権放棄等を行わなければ，支援対象会社が倒産に至るような厳格な状況を意味する。

　したがって，親会社等による債権放棄等がなければ，倒産の危機に瀕するような状況でなければ，言い換えれば，従来どおりに弁済猶予や無利息融資等により，倒産に至らず営業が継続できる場合などは，債権放棄の必要性はないことになる。このような厳格な取扱いは，支援している親会社等からすれば，にわかに納得し難い適用要件であるように思われるが，法人税基本通達9-4-1，9-4-2の取扱いの趣旨からすればやむを得ないところである。

Ⅲ　企業再生の方法

　著しく業績が悪化し，倒産の危機等に瀕した子会社等や倒産の危機とまでは至らないまでも，現状のままでは将来において，より多額の損害を親会社等が被ることが明らかである場合の企業の再建・再生の方法には，様々な方法があ

る。いわゆる民事再生法などの法的手続や民事再生法の法的整理に準ずる私的整理に基づくものなどがある。法的手続や中小企業再生支援協議会案件のように所定のルートに乗っているものはよいが、そうでないものは、法人税基本通達9－4－1，9－4－2の適用が困難な場合が多い[6]。

　債務超過に陥った子会社等の再生や整理については、単純な債権放棄等だけでなく、合併、分割等のグループ企業の組織再編成による打開策も併せて検討する必要がある。その際には、法人税法第57条第2項～第4項の適格合併等に伴う欠損金の引継ぎ、制限措置を踏まえた対処も必要になる。組織再編成も、債務超過に陥った子会社等の整理、再生にとって有効な打開策であることを考慮した、慎重かつ総合的な対処策を検討すべきである。

---

[6] 株式会社地域経済活性化支援機構、中小企業再生支援協議会、株式会社整理回収機構、株式会社企業再生支援機構などの各案件の場合の法人税基本通達9－4－1，9－4－2の適用、及びいわゆる平成17年改正後の企業再生税制の適用については、国税庁HP・文書回答事例を参照。なお、青色欠損金に優先していわゆる期限切れ欠損金の損金算入が認められるいわゆる平成17年企業再生税制の適用要件と法人税基本通達9－4－1，9－4－2の適用要件は微妙に異なることに留意する必要がある。例えば債権放棄を行う金融機関が1行だけの場合は、原則として、いわゆる企業再生税制の適用はないが、法人税基本通達9－4－1，9－4－2の適用は認められる。

第3章 資本等取引と寄附金課税

　資本等取引と寄附金課税がどのように関係するのかは重要な問題である。法人税における資本等取引とは、資本金等の額の増減取引と利益又は剰余金の分配及び残余財産の分配等の取引をいう。資本等取引と寄附金課税が交錯する場面は、どのような場合かを裁判例等を参考にして検討する。

I　第三者有利発行増資と寄附金課税

1　第三者有利発行増資の課税関係（通常の場合）

①　有利発行かどうかの判定

　法人税上において有利発行かどうかの判定は、以上のような考え方に基づいて専ら税法上の観点から行われるのであって、会社法199条3項、309条2項5号の有利発行に伴う株主総会の特別決議の有無は問わないことになる。

　法人が第三者有利発行増資の割当てを行った場合の課税関係は、通常は、次のようになる。第三者有利発行増資とは、有価証券と引き換えに払込みをした金銭等の価額が、払込金銭等の価額を決定するときのその有価証券の取得のために通常要する価額に比して有利な価額である場合のものをいう。この場合の通常要する価額に比して有利な価額とは、払込価額を決定する日の現況における発行法人の価額に比して社会通念上相当と認められる価額を下回る場合とされており、この下回るかどうかは、その株式の価額と払込金額

等の差額がその株式の価額の概ね10％相当額以上であるかどうかにより判定することとされている（法基通2－3－7）。払込金額等を決定する日の現況における株式の価額は、決定日の価額のみでなく、決定日前1月間の平均株価等、払込金額等を決定するための基礎として相当と認められる価額をいう。

② 有利発行上の問題点

　有利発行かどうかの判定は、上記のように払込価額の決定日の現況における発行法人の株式の価額に基づいて判定することになっているが、この場合の株式の価額はどのように算定するのかが問題になる。この株式の価額の算定については、通達等では明記されていないが、過去の裁判例では、「法人税基本通達2－3－9が準用する法人税基本通達9－1－13(4)にいう『1株当たりの純資産価額等を参酌して通常取引されると認められる価額』に当たるというべきである。」（東京高判平成22年12月15日税資260号11571参照）としている。有価証券の評価益、評価損を算定するときの有価証券の取得の時における価額を準用するとしている。しかし、有利発行における「払込価額の決定日の現況における発行法人の株式の価額」に法人税基本通達2－3－9の算定方法を準用することが意図されていたとしたら、当然にその旨を通達でも手当していたはずであり、法人税基本通達2－3－7の有利発行かどうかの判定における「込価額の決定日の現況における発行法人の株式の価額」は法人税基本通達2－3－9とは異なる価額であるはずだという考え方は根強く存在する。

　特に上記東京高裁判決の事案は、タイの子会社株式をいわゆる額面価額で引き受けたもので、「タイ民事商事法典上、新株発行は額面発行が原則であり、本件各株式の発行会社には、額面超過額による新株発行を可能とする定款の定めがなかったこと」を考慮して株式の時価を算定すべき旨を原告会社は主張したが、判決は上記のように「一株当たり純資産価額」を参酌して算定すべきとし、上告審（最決平成24年5月8日）も上告不受理とされた[1]。

---

[1] 類似事案に東京地判平成27年9月29日がある。

③ 有利発行増資の場合の処理

(1) 割当てを受けた新規株主

　第三者有利発行増資に応じた新規株主において割当株式等の取得価額は，その取得の時における有価証券の取得のために通常要する価額（時価）になる（法令119①四）。

　新規株主には取得有価証券の時価と払込金額との差額が受贈益として益金になる（法法22②「無償による資産の譲受け」）。

（借）有　価　証　券＊　×××　　（貸）受　贈　益　×××
　　　　　　　　　　　　　　　　　　　現　　　　　金　×××

　＊　新株の払込期日における価額（時価）である。

　この場合の有価証券取得のために通常要する価額（時価）の算定は，払込期日における法人税基本通達4－1－4本文，4－1－5，4－1－6（資産の評価益計上の場合の評価額について定めた通達）に準じて評価した価額である（法基通2－3－9）。

　注意すべき点は，有利発行により取得した有価証券に付する価額は，払込期日における価額によることである。通常有利発行が行われるとその会社の株価は，有利発行前に比較し低い価額に希薄化する。しかし，有利発行により取得した有価証券に付する価額は希薄化後の価額でなく，希薄化前の払込期日における株価である。

(2) 既 存 株 主

　既存株主においては，課税関係は特に生じない。有利発行により，既存株主の株価は低下し，実質的にはその低下分が新規株主に移転するが，未実現の希薄化損失として課税関係は生じないとされるのが通常である。

(3) 発 行 法 人

　有利発行した法人においては，払い込まれた金銭の額が資本金等の額になる（法令8①一）。

（借）現　　　　　金　×××　　（貸）資本金等の額　×××

2 第三者有利発行増資の課税関係で寄附金課税が問題となる場合
① 第三者有利発行増資による経済的利益の移転に寄附金課税

　通常の場合は，上記1の処理のとおり，第三者有利発行増資が行われた場合に寄附金課税が問題となることはないはずであるが，寄附金課税が問題となった裁判例が存在する。「旺文社事件」（東京地判平成13年11月9日，東京高判平成16年1月28日，最判平成18年1月24日（判時1923号20頁，破棄差戻し）差戻し東京高判平成19年1月30日）である。

　旺文社事件・最高裁判決は，次のように述べて既存株主に無償取引における収益認識と寄附金課税を行った。

> 　OH社（既存株主……筆者注）の保有するAT社株式（発行会社株式……筆者注）に表章された同社の資産価値については，OH社が支配し，処分することができる利益として明確に認めることができるところ，OH社は，このような利益を，ASF社（新規株主……筆者注）との合意に基づいて同社に移転したというべきである。したがって，この資産価値の移転は，OH社の支配の及ばない外的要因によって生じたものではなく，OH社において意図し，かつ，ASF社において了解したところが実現したものということができるから，法人税法22条2項にいう取引に当たるというべきである。そうすると，上記のとおり移転した資産価値をOH社の本件事業年度の益金の額に算入すべきものとした原審の判断は，是認することができる。

　すなわち，新規株主，発行会社の処理は，上記1の場合と同じであるが，既存株主について，法人税法第22条第2項を適用して経済的利益の移転価額相当額の収益の額を認識し，寄附金課税とセットにした課税処分を最高裁判決は支持したのである。

　第三者有利発行増資という資本等取引を利用した経済的利益の移転について寄附金課税を行った事案である。第三者有利発行増資により，経済的利益が既存株主から新規株主に移動することを簡単なパターンで図式化すると次のようになる。

第3章　資本等取引と寄附金課税

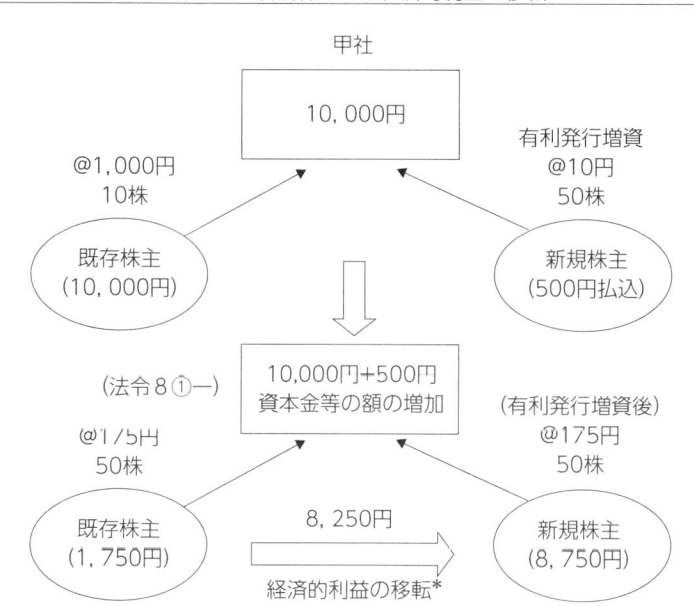

| 有利発行増資による既存株主から新規株主への経済的利益の移転 |

```
                        甲社
                      10,000円

  @1,000円                            有利発行増資
   10株                                  @10円
                                         50株
  既存株主                              新規株主
 (10,000円)                           (500円払込)

                  10,000円+500円
  (法令8①一)      資本金等の額の増加    (有利発行増資後)
   @175円                                @175円
    50株                                  50株
  既存株主         8,250円              新規株主
  (1,750円)    ─────────▶           (8,750円)
                経済的利益の移転*
```

② 旺文社事件の特殊性

　旺文社事件は，有価証券譲渡益の課税を免れるためにオランダを用いた租税回避事案であるが，関係当事者の経営者が同一の下，既存株主と新規株主の合意とそれに基づく結果としての経済的利益の移転を法人税法第22条第2項の規定する取引としたところに旺文社事件・最高裁判決の特徴があると考えられ，この判決の射程範囲が問題である[2]。

II　著しい不利発行増資と寄附金課税

　有利発行増資の反対に不利発行増資がある。有価証券の時価よりも著しく高い価額で増資の割当てに応じるケースである。増資取引そのものは，発行会社においては資本等取引であるといえるが，増資割当てを受ける株主の債務超過

---

[2] 金子宏編「租税法と私法」有斐閣23頁は「取引」概念を拡大解釈したものであるとしている。

会社に対する高額な増資払込みが寄附金であるとする場面が考えられる。

1　不利発行増資の課税関係（通常の場合）

　債務超過会社への増資払込みについては、「寄附金説」と「増資払込み説」とがある。実務上では、現行の法人税基本通達9－1－12の課税庁の解説などに典型的であるが、増資払込み説が採られていた。すなわち、法人税法施行令第119条第1項第2号で「金銭の払込みにより取得した有価証券」の取得価額は、「その払込みをした金額」としている。この「払込みをした金額」は、会社法上の新株発行に関する「払込み」を意味するものであり、私法上の概念を税法上の別段の定めもなく別意に解することはできない。また法的実質主義の見地からも私法上の適法な法形式を無視することはできないとし、寄附金説は、法律論として解釈の限界を超えているとする考え方である。法人税基本通達9－1－12の課税庁の逐条解説では、「債務超過の赤字会社に対する増資払い込みについては、例えば親会社が子会社等の再建を支援する等やむを得ない事情からこれを行うことがあり得るし、会社法上適法な増資払い込みを税務上は一種の贈与（寄附金）とする考え方は法律論として採り得ないであろう」（大澤幸宏編著「法人税基本通達逐条解説・七訂版」税務研究会743頁）としている。

　この考え方に基づけば、増資会社の株式等の時価よりも高額な増資払込金も適法な増資手続に基づき行われるものについては、増資払込金として、割当てを受けた株主においては、有価証券の取得価額になると考えられる（法令119①二）。

　　　（借）投資有価証券　　×××　　（貸）現　　　　金　　×××

2　著しい不利発行増資で高額部分を寄附金とした事例
①　著しい高額増資部分を寄附金とした事案

　時価評価で577億円もの債務超過に陥っている子会社に対して529億円にのぼる多額の高額増資を行い、その後にその株式を1億6,000万円弱で第三者である税務コンサル会社に売却し、譲渡損失を他の株式売却益と通算した事案について、税務署は、高額増資部分を寄附金と認定した処分を行った。

この事案に係る裁判例（福井地判平成13年1月17日，名古屋高判平成14年5月15日）を確認する。

② 高額増資部分を寄附金とした判決の要旨

本判決は，債務超過会社への増資払込み直後にその株式を譲渡して多額の譲渡損失を計上し，他の株式の譲渡益との通算を謀ったことについて，寄附金説を採って増資株式の取得価額を額面とし，額面を超える払込金額を税法上の寄附金と認定した。判決は，税法上の寄附金であるとするには，「資産又は経済的利益を対価なく他に移転させる行為であれば足りる」。「増資会社の債務超過額を減少させるにとどまるときは，増資払込金は増資会社の純資産を増加させることにはならず，新株式の価格は理論上零円になる」として税法上の寄附金に該当するとした。そして，法人税法第37条の寄附金規定は，別段の定めに当たるから，「商法や企業会計原則上の取扱いにかかわらず，法37条の解釈，適用上，本件増資払込金の中に寄附金に当たる部分がある場合には，当該部分は法人税法上の評価としては法人税法施行令38条1項1号（現行法令119①二……筆者注）にいう『払い込んだ金額』には当たらないと解される。」とし，「適法な増資払込みであるか否かと，税法上の寄附金に当たるか否かとは次元を異にする問題である」とした。

③ 高額買入資産の取得価額との相違

法人税基本通達7−3−1では，「法人が不当に高価で買い入れた固定資産について，その買入価額のうち実質的に贈与したものと認められる金額がある場合には，買入価額から当該金額を控除した金額を取得価額とすることに留意する」としている。この高額買取りの場合と高額での金銭出資とは単純に同視はできない。購入した固定資産の取得価額は，「当該資産の購入の代価」を取得価額と規定している（法令54①）。したがって購入の代価には実質的に贈与された金額は含まれないのは当然である。購入した場合の「購入の代価」と会社法等の制度としての増資払込みにより取得した有価証券の場合の「その払込みをした金額」とは単純に同一視する解釈は飛躍があるように考えられる。

④　本事案の特殊性と寄附金の意義

　本判決は,「寄附金の損金不算入制度の趣旨並びに法人税法第37条の規定の内容からすれば,法人税法第37条の『寄附金』は,民法上の贈与に限らず,経済的にみて贈与と同視し得る資産の譲渡又は利益の供与であれば足りるというべきである。そして,ここにいう『経済的にみて贈与と同視し得る資産の譲渡又は利益の供与』とは,資産又は経済的利益を対価なく他に移転する場合であって,その行為について通常の経済取引として是認できる合理的理由が存在しないものを指すと解するのが相当である。」として,たとえ,適法な増資払込みによる取引であっても,通常の経済取引として是認できる合理的理由が存在しないものは寄附金に該当するとした。

　本事案は,発行会社株式が大幅な債務超過,すなわち株価がマイナス（ゼロ）であるものについて1株100万円もの払込みを行う合理的な理由がない以上,額面（当時の商法制度では額面制度があった。この額面制度に基づくその株式の額面は50円であった）を超える部分の払込み金額は寄附金の額に該当するとした。

　そして,増加資本金等の額として受け入れている発行会社の処理との整合性についても,「私法上（商法上）の増資払込みとして有効なものであっても,法人税法の上で,額面50円を超える増資払込金が対価を伴わない実質的な贈与と認定できるかどうかが問題なのである。したがって,同じ増資払込行為を,受入側では増資払込と認定しながら,払込側では寄附金の支出と認めることは,法人税法上では,何ら異とするに足りないのである。」と判示した。

⑤　救済DESの処理との関係

　本判決の事案は,増資をした会社が,増資により受けた金額を,直ちに増資を引き受けた100％親会社からの借入金の弁済に充てている。したがって,一種の疑似DESのような取引となっている。そこで,DESの場合の処理との比較が問題になる。法人税基本通達2－3－14（債権の現物出資により取得した株式の取得価額）は,「子会社等に対して債権を有する法人が,合理的な再建計画等の定めるところにより,当該債権を現物出資することにより株式

を取得した場合には，その取得した株式の取得価額は，法人税法施行令第119条第1項第2号（有価証券の取得価額）の規定に基づき，その取得の時における給付をした当該債権の価額となることに留意する。」としている。合理的な再建計画に伴いDESが行われた場合には，その債権の価額は額面額より低額になっているであろうから，その減額部分に対応する譲渡損失は，合理的な再建計画に基づくものである限りは損金の額に算入するとしている。言い換えれば，合理的な再建計画に基づかないものは，寄附金になると考えられる。そうすると，著しい高額の不利発行増資についても合理的な理由がなければ寄附金になる処理は，DESの処理とバランスがとれたものといえる。

Ⅲ 自己株式の取得と寄附金課税

1 自己株式の性格

　自己株式の取得は，取得する株式発行法人からすれば資本等取引になる。平成18年度税制改正前は，自己株式について有価証券としての性格が否定されていなかった。しかし，平成18年度税制改正により，自己株式の有価証券としての資産性は完全に否定された。そのことは，法人税法第2条第21号かっこ書きにおいて，有価証券の定義から「自己が有する己の株式」を除くと規定されたことから明らかである。

2 自己株式の取得の処理（通常の時価取得の場合）

　自己株式の取得に係る処理では，自己株式に係る発行法人と譲渡法人の課税関係が問題になる。
　① 発行法人の処理
　(1) 自己株式の取得
　　　自己株式を取得した場合の発行法人における処理は資本等取引であり，資本金等の額と利益積立金額の減額処理になる（法令8①十七，9①十二）。

【設例】
(1) 発行法人の税務上の純資産
　　資本金等の額500，利益積立金額1,000
(2) 発行済株式総数10株
(3) 自己株式取得株数1株とし，交付金銭等を100とする。

＜発行法人の処理＞

|(借)資本金等の額|50|(貸)現　　　　金|90|
|利益積立金額|50|預　り　金|10|

　　＊　みなし配当源泉税は20％（復興特別所得税は考慮していない）とする。

(2) 税務上の処理

② 譲渡株主法人の処理

(1) 発行法人への自己株式の譲渡

　　譲渡する側は，他者への所有株式の譲渡である。しかし，みなし配当相当分は譲渡対価の額から除かれる（法法61の2①一）。

(2) 税務上の処理（帳簿価額30とする）

① 有価証券の譲渡利益の額　（100－50）－30＝20

（譲渡利益金額，益金算入）

② みなし配当　50（法法24①四，受取配当等の益金不算入（法法23①一））

(借)現　　　　金	90	(貸)有　価　証　券	30
仮払源泉税	10	有価証券譲渡益	20
		みなし配当	50

　　＊　グループ法人税制の適用がない場合とする。グループ法人税制の適用がある場合は譲渡対価の額は譲渡原価の額とされ，譲渡益は認識されない。

3　自己株式の取得の処理（低額譲渡の場合）

　自己株式の取得に際して，買取価額をいくらにするかが問題である。適正時価で行われた場合は，上記のとおりの処理になるが，適正時価より低額又は高

額で買受けが行われた場合は，適正時価との差額について税法上，どのような調整処理が行われるかが問題となる。

> 【設例】
> 　適正買取価額が100の場合に交付金銭等60の低額で買い受けたとする。
> (1) 発行法人の処理
> 　　（借）資本金等の額　　　　50　　（貸）現　　　　　金　　58
> 　　　　　利益積立金額　　　　10　　　　　預　　り　　金　　 2
> 　　　＊　みなし配当源泉税は20％（復興特別所得税は考慮していない）とする。
> (2) 譲渡株主法人の処理
> 　譲渡法人株主の側においては，低額譲渡（60）に伴う適正価額（100）との差額（40）について収益の額と寄附金認定が行われる（法法61の2①，22②，37⑧）。
> 　譲渡法人株主の株式の帳簿価額（税務上）は70とする。
> 　　（借）現　　　　　金　　　58　　（貸）有　価　証　券　　70
> 　　　　　支　払　源　泉　税　　 2　　　　　受　取　配　当　　10
> 　　　　　株　式　譲　渡　損　　20　　　　　譲　　渡　　益　　40
> 　　　　　寄　　附　　金　　　40
> 　　　＊　グループ法人税制の適用がない場合とする。
> 　　　＊　譲渡株主が個人の場合には時価の2分の1未満の譲渡についてはみなし譲渡課税が行われる（措通37の10-27）。

4　低額譲渡の場合のいくつかの疑問点

①　自己株式取得と時価の想定

　自己株式を低額譲渡した場合には，時価との差額（上記設例の場合の100－60＝40）を譲渡株主法人の場合は認識すべきとするのが自然であるように思われる。自己株式の譲渡といえども，譲渡法人側においては株式の譲渡であることには違いないので，低額で譲渡すれば，一般の資産の譲渡に準じて時価を基準にして低額部分の収益の額を認識することになる（法法22②）。以

上は，自己株式を譲渡する株主法人側からみた処理である。一方自己株式を取得した発行法人側からみると，自己株式の取得は剰余金の配当などの資本等取引の性格を有し，そもそも時価を想定することができるのかという問題がある。時価が想定できなければ，時価を基準とした差額分の処理は問題とはなり得ない。

② 時価との差額の処理（譲渡株主法人側の処理）

仮に時価を想定すべきということである場合には，時価との差額をどのように処理するかの問題が生ずる。譲渡株主法人の側からまず検討する。

自己株式を低額譲渡した場合には，時価との差額（上記設例の場合の100－60＝40）を譲渡株主法人の場合は認識する必要がある。法的根拠は法人税法第22条第2項である。自己株式の譲渡といえども，譲渡法人側においては株式の譲渡であることには違いないので，低額で譲渡すれば，法人税法第22条第2項の無償による資産の譲渡に準じて低額部分の収益の額を認識するとともに，差額を寄附金等として処理することになる。そして時価相当額とされた収益の額のうちみなし配当となる部分と株式の譲渡収入金額との区分をどのようにするべきかが問題となる。この区分については，自己株式を取得する発行法人側の処理に対応した処理になっている。すなわち，発行法人側が交付した金銭等の額のうち，資本金等の額の減少として処理した部分（取得資本金金額，法令8①十八）に対応するものは，譲渡株主法人側では自己株式として譲渡した株式の譲渡収入金額とされる（法法61の2①一）。さらに，発行法人側が，交付した金銭等の額のうち取得資本金額を超える部分の金額を利益積立金額の減少として処理した部分（法令9①十三）に対応するものは，譲渡株主法人側ではみなし配当としての収入金額とされる。

では，金銭等として交付されない法人税法第22条第2項により収益の額を認識した低額譲渡部分はどのように処理されるのであろうか。この点について，所得税法第59条のみなし譲渡課税の適用についての措置法通達37の10－27は次のように述べている。

第3章　資本等取引と寄附金課税

├─措置法通達37の10－27（法人が自己の株式又は出資を個人から取得する
　　　　　　　　場合の所得税法第59条の適用）─────────────┤

> 　法人がその株主等から措置法第37条の10第3項第4号の規定に該当する自己の株式又は出資の取得を行う場合において，その株主等が個人であるときには，同項の規定により，当該株主等が交付を受ける金銭等（みなし配当額を除く。）は株式等に係る譲渡所得等の収入金額とみなされるが，この場合における所得税法第59条第1項第2号の規定の適用については，次による。
> (1)　同号の規定に該当するかどうかの判定
> 　　法人が当該自己の株式又は出資を取得した時における当該自己の株式又は出資の価額（以下この項において「当該自己株式等の時価」という。）に対して，当該株主等に交付された金銭等の額が，同号に規定する著しく低い価額の対価であるかどうかにより判定する。
> (2)　同号の規定に該当する場合の株式等に係る譲渡所得等の収入金額とされる金額
> 　　当該自己株式等の時価に相当する金額から，みなし配当額に相当する金額を控除した金額による。
> (注)　「当該自己株式等の時価」は，所基通59－6により算定するものとする。

　すなわち，時価相当額からみなし配当相当額を控除した金額は，全て「譲渡所得等の収入金額」としている。このような処理は，みなし配当とされる金額が，「金銭その他の資産の交付を受けた場合において，その金銭の額及び金銭以外の資産の価額の合計額」のうち，対応資本金等の額を超える部分の金額とされていることによると考えられる（法法24①）。金銭等の交付がない部分についてみなし配当とすることはできないということになる。

(注)　法人税法第22条第2項の無償譲渡規定は事実認定の問題であり，事実として収益の額を認識する確認規定であるとの理解を前提に，第22条第2項で認識した無償譲渡に係る収益の額は法人税法第24条第1項のみなし配当規定の「金銭その他の資産の交付」に含まれるという考え方（朝長英樹「T&A master 2015（第617号）」10頁）があるが，「無償」による資産の譲渡である以上，有償である「金銭その他の資産の交付」に該当しないと考える。

③ 時価との差額の処理（発行法人側の処理）

譲渡株主法人側の処理で，第22条第2項による低額譲渡部分も含めた収入金額からみなし配当部分を控除した金額が，有価証券の譲渡収入金額を構成するとした場合には，その処理とのバランスを考慮すると，自己株式の発行法人側の処理としては，その差額部分を資本金等の額から減少させる処理を行うべきかという問題が生ずる。仮に，そのような処理を行おうとすると税務仕訳でいうと相手勘定をどのように処理したらよいかが問題になる。

すぐに思い浮かぶのは，「(借) 資本金等の額　×××　(貸) 受贈益　×××」という仕訳であるが，このような仕訳処理を行うことが妥当か否かである。

既に述べたように，法人税法において自己株式は有価証券から除外されて資産性がなくなっている。したがって，自己株式の取得は，発行法人においては資本等取引そのものである。資本等取引そのものにおいては益金の額，損金の額は生じないというのが，法人税法の原則である（法法22②，③）。そうすると，上記のような処理は想定し得ないということになる。

なお，発行法人において金銭等の交付と認められるような事実を認定し得るような場合があれば，次のような税務仕訳を想定できなくもないと考えられる。

(借) 資本金等の額　×××　(貸) 金　銭　等　×××
(借) 金　銭　等　×××　(貸) 受　贈　益　×××

5　平成18年改正前の株式消却による譲渡対価の認識

自己株式の低額譲渡による譲渡株主法人に対する自己株式の時価相当額の譲渡収入金額の認定と寄附金課税の処理と同様な裁判例（東京地判平成24年11月28日，東京高判平成26年6月12日，最決平成27年9月24日不受理，日産自動車事件）がある。

① 判決の概要

この裁判例は，平成18年税制改正前の事案である。平成18年改正前においては，株式の消却を行った場合は，現行法の法人税法第24条第1項第5号と同様の取扱いが行われていた。

本事案は，消却株式の時価相当額を法人税法第22条第2項により収益の額として認識した上で，その認識した収益の額相当額について寄附金課税の対象とした事案である。

　旧商法第213条第1項が定める株式の消却がされた場合，消却された株式の株主は，その株式についての株主としての地位に相当する経済的な利益を失うこととなるが，株式の消却について，法人税法上は株式の譲渡の一種と見ることができる。株主である原告会社は，株式消却によって消却株式の株主としての地位を失い，消却株式の時価に相当する経済的な利益を失ったにもかかわらず，株式を消却した各子会社から，消却株式の時価よりも低い額の払戻額を受けたに過ぎないか，全く払戻しを受けなかった。したがって，このような株式消却を伴う減資の手続を通じ，原告会社から払戻しをした各子会社に対しては，消却株式の時価と払戻額の差額に相当する経済的な利益が，原告会社から払戻しをしなかった各子会社に対しては，本件消却株式の時価に相当する経済的な利益が，それぞれ対価なく移転されたものということができると判示した。そして，このような原告会社から各子会社に対して相当の高額に上る経済的な利益の移転を生じさせる手続については，原告会社にとって，通常の経済取引として是認することができる合理的な理由があると直ちに認めることはできないし，他に本事案においてこのような合理的な理由が存在したことをうかがわせる証拠ないし事情は見当たらない。したがって，原告会社が本件各子会社に対価なく移転した株式消却に伴う，上記のような経済的な利益に相当する金額については，商法上の払戻限度超過額を含め，法人税法第37条第7項の規定により損金の額に算入することができない「寄附金」に該当する。

② 自己株式の低額譲渡事案との同一性

　上記の東京高裁裁判決は，改正前商法時代の平成18年度税制改正前の事案であるが，基本的内容は，自己株式の低額譲渡と同様な問題である。したがって，上記4自己株式の低額譲渡の場合に指摘した疑問点がそのまま当てはまるといえる。

Ⅳ 資本等取引と寄附金課税

　資本等取引と寄附金課税が交錯する問題を検討したが，いずれの事案も，グループ法人間での増資やみなし配当事由に伴い，経済的利益を移転させる行為に対して，法人税法第22条第2項と寄附金課税のセットにより，課税を行うような事案であった。法人税法第22条第2項と寄附金課税がいかにグループ法人間での経済的利益の移転の防止に機能しているかがよくわかる。また，原則として資本等取引について益金の額や損金の額を認識することはできないものとされているが，一方の当事者において資本等取引に該当するものでも，取引の他方の当事者においては，有価証券の取得や譲渡という損益取引であることに注意が必要である。旺文社事件を除き，検討した事案は，そのような事案に該当し，その一方の当事者の損益取引に対して法人税法第22条第2項と寄附金課税を行っているのが特徴であった。

　ところで，そのような課税の結果，取引の当事者においてバランスが取れなくなる現象が生じている。特に自己株式の低額譲渡取引における発行法人側の処理（受贈益の認識がされないため資本金等の額の減額処理ができない）と譲渡株主法人側の処理（寄附金処理，譲渡収入金額処理）でバランスが崩れる状態が生じており，このような問題をどのように考えるべきかが検討課題である。資本等取引そのものについても時価取引を基準とすべきかが検討されるべき問題としてある。

第4章 交際費等と寄附金課税

法人税の寄附金と交際費等の区分は紛らわしいところがある。

交際費等は，接待，供応，慰安及び贈答等の行為であることから，その行為自体は無償による資産の譲渡又は役務の提供に該当するが，寄附金の範囲から除外されている（法法37⑦かっこ書き）。交際費等，寄附金のそれぞれの意義や裁判例の検討を通して，両者の区分等について確認する。

Ⅰ 交際費等の意義と寄附金課税

1 交際費等の意義等

① 交際費課税の趣旨

　交際費等の額の損金算入が制限される趣旨は，冗費，濫費を抑制し，法人の資本蓄積を促進すること，交際費等の増大により公正な取引が阻害されることを防止するため及び交際費等の増加に対する社会的批判を考慮したためである。しかし，最近では，平成26年度税制改正に顕著なようにアベノミクスの成長戦略の一環としての消費拡大支援政策のため，税制上の損金不算入措置を緩和し，損金算入額を増加する改正が目立つところである。

② 交際費等の意義

　交際費等とは，交際費，接待費，機密費その他の費用で，法人が，その得意先，仕入先その他事業に関係のある者等に対する接待，供応，慰安，贈

答その他これらに類する行為(「接待等」という)のために支出するものをいう(措法61の4④)。ただし,次の費用は交際費等から除かれ,一般の販売費,管理費として損金の額に算入される(措令37の5)。
(1) 専ら従業員の慰安のために行われる運動会,演芸会,旅行等のために通常要する費用
(2) 飲食その他これに類する行為のために要する費用(社内飲食費を除く)であって,参加者1人当たりの金額が5,000円以下である費用(飲食等の年月日,参加者の氏名等,参加者数,飲食店名などが記載された書類が保存されている場合に限る)
(3) カレンダー,手帳,扇子,うちわ,手ぬぐいその他これらに類する物品を贈与するために通常要する費用
(4) 会議に関連して,茶菓,弁当その他これらに類する飲食物を供与するために通常要する費用
(5) 新聞,雑誌等の出版物又は放送番組を編集するために行われる座談会その他記事の収集のために,又は放送のための取材に通常要する費用

また,主として寄附金,値引及び売上割戻し,広告宣伝費,福利厚生費,給与等の性質を有する費用は交際費等に含まれない(措通61の4(1)-1)。

③ 交際費等の損金不算入額

平成26年4月1日から平成28年3月31日(30年3月31日改定予定)までの間に開始する各事業年度において支出する交際費等の額のうち,次の金額は損金の額に算入しない。
(1) 資本金額が1億円超の法人の場合
　法人の所得金額の計算上,交際費等の額のうち接待飲食費の額の50%を超える部分の金額
(2) 資本金額が1億円以下の場合＊
　上記(1)の金額,又は交際費等の額のうち年間800万円を超える部分の金額(いずれの金額かを選択できる)
　＊ 資本金の額が5億円以上の大法人等による完全支配関係がある法人は,資

本金額1億円以下の場合の損金算入制度が適用されず，資本金1億円超の法人と同様の取扱いになる。

④ 交際費等の該当要件

交際費等に該当する要件は，2要件説，新2要件説，3要件説などがあるが，通説は次の3要件説で，この三つの要件を全て満たすものは交際費等に該当するものとされる。

(1) 支出の相手方

交際費等の支出の相手方は，得意先，仕入先その他事業に関係のある者等とされている。事業に関係ある者には，株主，従業員なども含まれる。

(2) 支出の目的

支出の目的が，事業関係者等との親睦の度を密にして取引関係の円滑な進行を図るためのものであることとされている。

(3) 行為の形態

行為の形態が，接待，供応，慰安，贈答その他これらに類する行為であり，これらの行為のために支出するものとされている。

2 寄附金の意義・範囲

① 寄附金の意義・範囲

寄附金の額は，寄附金，拠出金，見舞金その他いずれの名義をもってするかを問わず，法人が金銭その他の資産又は経済的な利益の贈与又は無償の供与をした場合におけるその金銭の額若しくは金銭以外の資産のその贈与の時における価額又は当該経済的な利益のその供与の時における価額によるものと定められている（法法37⑦）。そしてこの定めを受けて，法人税法第37条第8項が，実質的に「贈与又は無償の供与をしたと認められる金額」を寄附金の額に含む旨規定していることからすると，同条第7項にいう「贈与又は無償の供与」とは，民法上の贈与に限られず，経済的にみて贈与と同視し得る資産の譲渡又は利益の供与も含まれると解される。これらの寄附金に関する規定を踏まえると，法人税法にいう寄附金は，社会事業団体，学校，神社等に対する通常の意味の寄附金に限られず，広範囲なものである。取引の相

手先は，特定の者に限定されておらず，取引の形態も
(1) 金銭・資産の贈与
(2) 経済的利益の無償の供与
(3) 資産の低額譲渡
(4) 低額による経済的利益の供与

とされている。経済的利益の供与とは，具体的には，金銭の無利息融資・低利融資，資産の無償貸付け・低額貸付け，債権放棄及び債務引受けなどが含まれる。

② 寄附金から除外される費用

法人税法第37条第7項は寄附金の範囲から，「広告宣伝及び見本品の費用その他これらに類する費用並びに交際費，接待費及び福利厚生費とされるべきものを除く」としている。したがって，資産の贈与又は経済的利益の無償の供与（資産の贈与等）に該当する場合でも，業務遂行上明らかに必要なものとされるものは，通常の費用として取り扱うこととしている。その典型的なものとして挙げられているものが上記の各費用である。広告宣伝費，交際費，接待費も資産の贈与又は経済的利益の無償の供与には該当するが，業務遂行上明らかに必要な費用であるため寄附金の範囲から除かれている（法法37⑦かっこ書き）。

③ 寄附金と事業関連性

寄附金の意義，範囲の解釈をめぐっては，事業との関連性が問題となり，
(1) 非事業関連説
(3) 事業関連説
(3) 非対価説

などの諸説がある。

通説は，寄附金の概念は，事業の関連性の有無に関わらず，直接的な対価を伴わない支出をいうものとし，支出の非対価性に着目する非対価説である。したがって，資産の贈与又は経済的利益の無償の供与に該当すれば，法人税法第37条第7項かっこ内所定の広告宣伝費，交際費，接待費等に該当しない限り，それが事業と関連を有し，法人の収益を生み出すのに必要な費用と

いえる場合であっても，寄附金性を失うことはない。

④ **寄附金の損金不算入**

　法人が各事業年度において支出した寄附金の額の合計額のうち，その法人の資本金等の額又は事業年度の所得の金額を基礎として計算した損金算入限度額を超える部分の金額は，各事業年度の所得金額の計算上，損金の額に算入されない（法法37①）。

　この場合の寄附金の額の合計額には，国等に対する寄附金，財務大臣が指定した寄附金（以下「指定寄附金」という）及び公益の増進に著しく寄与する法人（以下「特定公益増進法人」という）に対する寄附金は含まれず，国等に対する寄附金及び指定寄附金の額はその全額，特定公益増進法人に対する寄附金は特別損金算入限度額が損金の額に算入される（法法37③，④）。

　寄附金の損金算入限度額の計算については，法人の種類によって異なるが，普通法人については，次のように形式的基準（資本基準額，所得基準額）により計算される。

$$\left\{ \begin{matrix} 事業年度終了時 \\ の資本金等の額 \end{matrix} \times \frac{2.5}{1,000} + \begin{matrix} その事業年度 \\ の所得金額 \end{matrix} \times \frac{2.5}{1,000} \right\} \times \frac{1}{4}$$

3　寄附金課税と交際費課税の区分・接点等

　交際費等の意義及び寄附金の意義等を概観したことを踏まえると，交際費等と寄附金との区分，接点等については次のようにまとめられる。

① **非対価性の同一性**

　交際費等の意義からすると，「接待，供応，慰安，贈答その他これらに類する行為」の多くは，直接的な対価がない行為であるといえ，その点で寄附金の意義の非対価性と重なるところがある。

② **寄附金除外のかっこ書き**

　寄附金の範囲からは，法人税法第37条第7項かっこ書きで，「交際費，接待費」に該当するものは除かれている。したがって，直接的な対価が存在しない「資産の贈与又は経済的利益の無償の供与」に該当しても，「交際費，接待費」に該当すれば法人税上は寄附金から除外されて交際費等に該当し，

交際費等としての取扱いが行われる。
③　事業関連性との関係
　事業との関連性，特に取引の相手が，「事業に関係する者」であるかどうかは，寄附金か交際費等かの区別の決め手にはならない。なぜならば，寄附金の意義，範囲は，事業と関連性の有無と直接に関係していないからである。もちろん，交際費等に該当するには，接待等の相手が事業に関係ある者であること等が要件の一つであるから，その意味で，重要な区分の要点であるとはいえるが，そのことのみをもって交際費等と寄附金の区分が明確になるとはいえない。交際費等に該当するには交際費等の３要件を全て満たさなければならないのである。
④　交際費等の判断を優先
　資産の贈与等の行為が，寄附金，交際費等のいずれに区分されるかは，上記①から③によれば，まず，法人税上の交際費等に該当するかどうかを検討すべきことになる。法人税法第37条第７項かっこ書きは，寄附金から「交際費，接待費」を除いているからである。そして，交際費等に該当しない場合は，次に他のかっこ書きの費用に該当しないかを検討すべきである。それらに該当しないときにはじめて寄附金になる。
⑤　交際費等の要件該当性を判断
　交際費等と寄附金との区分にあたっては，まず交際費等の該当性を判断することになるが，具体的にはその行為，取引が交際費等の３要件に該当するかを判断することになる。
　(1)　支出の相手方が事業に関係する者であること
　(2)　支出の目的が事業関係者との取引関係の円滑な進行を図るためであること
　(3)　行為の態様が接待，供応，慰安，贈答等の行為であること
以上の３要件の全てに該当するかどうかを判断し，これに該当すればそれらの無償行為は寄附金ではなく交際費等に該当することになる。

4　寄附金課税と交際費課税の実務上の効果

　ある資産の贈与等が、交際費等に該当するか寄附金に該当するかは実務上どのような意味、効果があるのであろうか。この点は会社の規模や所得金額の多寡によって異なる。

　一般的には、資本金等の額及び所得金額が大きい大法人等の場合は、寄附金の損金算入限度額が多額に存在する。交際費等の損金算入額は全くない（平成26年度改正前）か、接待飲食費の50％に限定されている（平成26年度改正後）。このことから、大法人の場合は、資産の贈与等の取引が寄附金になったほうが税負担は少なくなるケースが多いといえる。

　一方、資本金等の額も所得金額も少額な中小法人の場合には、寄附金の損金算入限度額は、極めて低額になる。そして、中小法人の場合には、交際費等の損金算入限度額が最低でも800万円あることから、資産の贈与等の取引が交際費等に区分されたほうが税負担は少なくなるケースが多いといえる。

Ⅱ　寄附金課税からみた萬有製薬事件

　交際費課税の有名な裁判例である「萬有製薬事件」（東京高判平成15年9月9日、判時1834・28）を寄附金課税の観点から検討する。

---事案の概要---

　萬有製薬は、その医薬品を販売している大学病院の医師等から、その医学論文を海外の雑誌に掲載されるようにするための英訳文につき、英文添削の依頼を受け、これをアメリカの添削業者に外注していた。萬有製薬は、医師等からは国内業者の平均的な英文添削料金を徴収していたものの、外注業者にはその3倍以上の料金を支払い、その差額を年間で1億数千万円程度負担していたが、この負担額が交際費等に該当するとした課税庁の更正処分をめぐって争われた事案である。一審の東京地裁は課税庁の更正処分を支持したが、控訴審である本判決では、一審判決を破棄し課税庁の更正処分を取り消した（確定）。

【判決の概要】

　一審は，2要件説をとり，かつ相手側認識は要件に考慮しないとして棄却したが，控訴審は，3要件説を採用し，①英文添削を始めた以後の経緯などから取引関係の円滑な進行を図るという接待等の目的でなされたとはいえず，②本件の英文添削は接待等の行為ともいえないとした。

(1)　交際費等の課税要件

　ある支出が「交際費等」に該当するというためには，次のような3要件を満たすことが必要であると解される。

　⑴　「支出の相手方」が事業に関係ある者等であること
　⑵　「支出の目的」が事業関係者等との間の親睦の度を密にして取引関係の円滑な進行を図るものであること
　⑶　「行為の形態」が接待，供応，慰安，贈答その他これらに類する行為であること

　そして，支出の目的が接待等の取引関係の円滑な進行を図るものであるか否かについては，当該支出の動機，金額，態様，効果等の具体的事情を総合的に判断して決すべきである。また，接待，供応，慰安，贈答その他これらに類する行為であれば，それ以上に支出金額が高額なものであることや，その支出が不必要（冗費）あるいは過大（濫費）なものであることまでが必要とされるものではない。

(2)　接待等の行為への該当性

　接待等の行為の範囲に関し，課税庁，国は，接待，供応，慰安，贈答に続く「その他これらに類する行為」とは，接待，供応，慰安，贈答とは性格が類似しつつも，行為形態の異なるもの，すなわち，その名目のいかんを問わず，取引関係の円滑な進行を図るためにする利益や便宜の供与を広く含むものであると主張する。しかし，課税の要件は法律で定めるとする租税法律主義（憲法84）の観点からすると「その他これらに類する行為」を課税庁，国主張のように幅を広げて解釈できるか否か疑問である。そして，ある程度幅を広げて解釈することが許されるとしても，本件英文添削のように，それ自

体が直接相手方の歓心を買うような行為ではなく，むしろ，学術研究に対する支援，学術奨励といった性格のものまでがその中に含まれると解することは，その字義からして無理があることは否定できず，本件英文添削の差額負担が交際費等の行為に当たるとすることは困難である。

本件英文添削の差額負担は，その支出の目的及びその行為の形態からみて，租税特別措置法第61条の4第1項に規定する「交際費等」には該当しないものといわざるを得ない。

【検　討】

萬有製薬事件は，交際費等の該当要件につき3要件説を採用したことで有名であるが，3要件を満たさないことから，東京高裁は交際費等に該当しないと判断し，更正処分を取り消した。では，問題となった，英文添削費用の徴収金額との差額はいかなる費目に該当するかが問題となる。上記Ⅰ3④⑤で述べたように交際費等と寄附金との区分については，まず交際費等に該当するかどうかを判断することになり，その後に寄附金に該当するかどうかの順序で判断する。本判決の判断によれば，萬有製薬がした本件支出は，「学術研究に対する支援，学術奨励といった性格のもの」で，接待と等の行為に該当しないとし，交際費等に該当しないとした。そうすると，次に寄附金に該当するかどうかになる。直接的な対価が存在しない支出といえ，かつ，事業遂行上必要なことが明らかな費用である広告宣伝費等のかっこ書きの費用にも該当しないことから，萬有製薬がした本件支出は寄附金に該当するものと考えられる。東京高裁判決は，この点については何も触れていない。交際費等に該当しないということで更正処分を取り消している。おそらくは，寄附金とした場合には寄附金の損金算入限度額の範囲内の金額であったものと考えられる。

Ⅲ　寄附金課税からみたオリエンタルランド事件

優待入場券の交際費課税で有名なオリエンタルランド事件（東京地判平成21年7月31日，判時2066号16頁，東京高判平成22年3月24日，税資260号順号11404）について寄附金課税の観点から検討する。

第2部　個別論点

├事案の概要

　本事案は、著名な遊園施設の運営等を事業とするX社が、(1)その本社ビル等の清掃業務につきA社に対して業務委託料として支払った金額とA社が清掃業務を実際に行った法人に対して支払った金額との差額及び(2)事業関係者等に対して交付したX社運営の遊園施設の優待入場券の使用に係る費用は、租税特別措置法に規定する交際費等に該当する等として、課税庁が行った法人税・消費税に係る各更正処分及び重加算税等の各賦課決定処分に対し、X社が本件各処分の取消しを求めたものである。一般には(2)の争点である優待入場券が問題として取り上げられているが、本稿では寄附金との関係で業務委託料について検討する。

　X社が、A社に対して実質的に供与していたとみられる清掃業務委託料差額は、次のようなものであった。

① X社は、昭和59年頃よりA社との間で、清掃業務を委託する旨の契約を締結し、同契約は、平成17年6月に解約されるまで、毎年更新された。なお、A社の会長であり、オーナーである甲は、総会屋、右翼団体であるF会の名誉議長などを務めており、いわゆる総会屋、右翼関係者として知られていた。

② A社は、その役員に甲及びその親族らが就任しており、その実質的経営者は甲である。A社は、X社から本社等の清掃業務を受託したものの、実際には自らは清掃業務を実施することはなく、A社等が委託をしたとする他の法人に、甲の自宅の清掃業務と併せて本件清掃業務を行わせていた。

③ A社は、X社からの清掃業務報酬の約40％相当額を収受し、残額を実際に清掃業務を行っている他の会社に支払う方式をとっていた。

【判決の概要】

　条文の文言に照らすと、特定の費用が交際費等に該当するかどうかは、個別の事案の事実関係に即し、その支出の相手方、支出の目的及び支出に係る法人の行為の形態を考慮することが必要とされるものと解される。

　本件業務委託料差額は、実質的に見て次の理由から交際費等に該当する。

　本件清掃業務の内容に応じ業務委託料として相当とされる金額は、実際に業務を行っていた会社が支払を受けていたものがこれに当たると推認される。形式的には、A社との間の清掃業務委託契約に基づくものではあるが、実質的に

は，甲の社会的な立場を前提に，その影響力をX社の事業の遂行，管理等に利用すべく，A社を介し甲に経済的利益を提供して甲との関係を良好に保つものとされたもので，業務委託料として相当とされる金額を超える金銭の支払については，甲に対する謝礼又は贈答の趣旨でされたと認めるのが相当である。そして，甲が「その他事業に関係のある者等」に当たることは明らかである。したがって，本件業務委託料差額に相当する金銭は，交際費等に当たると認めるのが相当である。

【検　討】

　本判決は，結論としてX社がA社に支払った清掃委託料差額について，「甲の社会的な立場を前提に，その影響力をX社の事業の遂行，管理等に利用すべく」と認定しており，実質的には甲に対する総会対策費等と同様な支払と認定したものと考えられる。いわゆる総会対策等のために支出する費用で会費，賛助金，寄附金，広告料，購読料等の名目で支出する金品に係る支出については，実務執行上は，交際費等に該当するとされている（措通61の4(1)-15(6)）。したがって，本判決も業務委託料差額が実質的に総会対策費用等と同様な費用に該当すると事実認定した上で，交際費等に該当するとしたものと考えられる。

　ところでいわゆる総会対策費用等が，交際費等に当たるか否かを判断するにあたっては，交際費等と寄附金のいずれに該当するかは問題となるところである。いずれに該当するかは，本来一律に決定されるべきものではなく，かかる費用の支出の目的や行為の形態によっていずれかを判断すべきである。例えば遊園施設の建設のための敷地確保にあたって地元取りまとめの労に対する謝礼の意図が大きければ交際費等になるだろうし，事業遂行上との関連が希薄で，法的・社会的にも支払う必要性のない単なる金銭の贈与の性格が強ければ寄附金になると考えられる。判決はこの点についての事実認定を詳細に行わずに交際費等と判断しているように思われる。総会対策費用等の前記通達は，大企業の場合には交際費等としたほうが全額損金不算入になり，支出抑制効果が大きいことが考慮された取扱いと考えられる。本判決においても国はこのような支出抑制効果を交際費等の政策的措置と主張しているが，寄附金か交際費等かの区分は，支出の目的や行為の形態の具体的な認定を基礎に行うべきである。

Ⅳ 若干の裁決例の検討

裁決例で寄附金と交際費等との区分が争われた事案について簡単にいくつかを検討する。

1 神社への高額な寄附金

├─事案の概要─────────────────────────────┤

> 神社が運営する結婚式場の料理業務を受託している請求人（X社）は、神社の奉賛会に対する奉賛金の支出について、交際費等に該当せず、法人税法37条7項に該当する寄附金であると主張したが、交際費等に該当するとされた事案である。

【裁決の概要】（平成20年2月13日裁決）

本件支出は、①奉賛会は実質は神社と一体であり、実質の支出の相手方は得意先である神社であり、②神社の宮司の要請に即して高額な寄附に応じており、支出の目的が事業関係者との間の親睦の度を密にして取引関係の円滑な進行を図ることにあると認められ、③行為の態様が金銭の贈与（贈答）であるから、交際費等に該当するための3要件を全て満たす。そうすると、法人税法第37条第7項は交際費等に該当するものを寄附金から除くと規定していることから、本件支出は交際費等として、所得の金額の計算上、損金の額に算入されない。

【検 討】

X社にとっては、寄附金とするよりは、交際費等に処理したほうが税負担が少なくなった事案である。まず交際費等に該当するかどうかを交際費等の3要件を確認し、神社がX社の料理業務の得意先であることから事業に関係する者に該当し、かつ支出の目的等の他の要件、したがって、3要件全てを満たすことから交際費等とされた。

2　医療法人への医療協力報酬

─ 事案の概要 ─

　請求人（X社）が，医療法人社団乙会に対して医療協力契約に基づいて支払った医療協力報酬について，通常の費用として損金の額に算入されるものとして処理をした。これに対して処分行政庁（Y）は，何らかの便宜を期待して支払われたもので交際費等に該当するとして更正処分等を行った。しかし，裁決では，いずれの主張も採用せず，寄附金であると認定した事案である。

【裁決の概要】（平成20年5月1日裁決）
　乙会との取引はその契約の締結以前から行われているが，契約後の取引金額は年々減少していること，また，本件医療協力報酬額は法人に対する支払であり，接待等に該当する行為つまり相手方の快楽追求欲，金銭や物品の所有欲などを満足させる行為ではなく，親睦の度を密にして取引関係の円滑な進行を図ることを目的とした支出であるとは認められないことから，交際費等には該当しない。当該契約は，医薬品の納入に係る優先的地位をX社に与え，乙会及びX社の事業上の発展を相互に補填するために報酬額を支払うこととされているが，具体的な役務提供の対価として支払うものではなく，当該契約によって新たな権利が付与されるものでもない。また，①医薬品の納入についても乙会の事業年度末において大幅な値引きが行われていることからX社の乙会に対する医薬品売上に係る利益は生じないこと，②X社は総合病院等の発行した処方箋も調剤していること，③契約条項によれば自動更新されることとされているが，実際には1年で契約は終了し，その支払も契約から1年経過後であるなど，独立した第三者間の取引とはかけ離れた内容となっていることなどからすれば，報酬額は，役務提供に係る対価性はなく，乙会に対して金銭を贈与したものと認められるので，寄附金に該当する。

【検　討】
　納税者であるX社は一般の損金であると主張し，行政庁は，何らかの便宜を得るためのもので交際費等に該当すると主張した。裁決は，本件の金銭の贈与は，役員等の個人でなく医療法人そのものに支払ったもので，特に事業遂行上

3　学校法人へ支払った金員

―事案の概要―

> 請求人（X社）は，学校法人に支払った金員（本件金員）について，その学校法人との間で事務所を借り受ける旨の賃貸借契約を過去に締結し，契約期間満了後も使用したことに対する謝礼であるから，本件金員を交際費とした経理処理が認められる旨主張したが，裁決では寄附金に該当するとした事案である。

【裁決の概要】（平成25年3月26日裁決）
　賃貸借契約の継続の有無について，その学校法人の理事長であるX社の前代表者の答述は変遷し，X社が事務所を使用していた事実を明らかにする資料はなく，また，使用の事実が存在するのであれば，X社は本件金員を地代家賃と経理処理するのが通常であると考えられるところ，交際費として経理処理したことは不自然である。以上のことからすると，賃貸借契約の継続及びX社が事務所を使用していたという事実を認めることはできない。そして，学校法人は事業に直接関係のない者であり，X社が学校法人との間で親睦の度を密にして取引関係の円滑な進行を図る必要性は認められないことから，本件金員は交際費等に当たると認めることはできず，また，他に広告宣伝など寄附金から除かれる費用に当たると認めることはできない。そうすると，本件金員は，対価性のない支出であり，寄附金の額に該当する。

【検　討】
　事実関係の詳細は不明であるが，金銭の支出先の学校法人が，事業に関係ある者に該当しない限り，交際費等の要件を満たさず，交際費等に該当しないことになる。そうすると，対価性のない金銭の贈与に該当し，寄附金に該当する。

第5章

役員給与と寄附金課税

　役員の母校に支出した寄附金が，法人の寄附金かその役員に対する給与と認定されるものかが問題になることがある。基本的には，事実認定の問題であると考えられるが，その判断は微妙であり，事実認定の基準などについて検討する。また，子会社等への出向者に対して，本社が給与条件の相違による較差補填金として支出したものが寄附金になるかについても検討する。

I　給与と寄附金課税

　給与（役員給与を中心とする）と寄附金との区分が問題になる場合は，次のようなケースが考えられる。

1　法人が寄附金と処理したものが給与とされる場合

　法人が寄附金として処理したが，給与とされる場合で特に問題になるケースは，寄附金がその支出した法人の役員給与とされる場合である。法人が国，地方公共団体に支出した寄附金はその全額が損金の額に算入される。しかし，これらの寄附金の支出のきっかけとして，その法人の役員の出身地や出身校といったことが関係していると，役員個人が負担すべき寄附金ではないのかが問題となる。仮に役員給与と認定されると，定期同額給与，事前確定届出給与等に該当しない限りは，その全額が損金の額に算入されなくなるばかりか，源泉

所得税の納付漏れ，役員個人の給与所得の修正，さらには各種加算税の賦課にも影響（いわゆる三重課税，四重課税）が及ぶことになる。

2　法人が給与と処理したものが寄附金とされる場合

　法人が給与として処理したものについて，給与としての対価の実態がないものは，その支出の実質に応じて判断される。そして，その支出の実質が対価性のない贈与又は経済的利益の供与となれば，寄附金とされる。具体的には，出向者がいる場合の給与負担金の金額が出向元法人が出向者に支給している給与相当額を超える場合や，逆に出向元法人が出向先法人の負担する金額を超えて，出向者に支給している場合などがある。このようなケースで，その差額金額の負担について，経営指導料などの合理的理由がない場合は寄附金として取り扱われる。そうすると，一般寄附金として損金算入限度額計算が行われ，限度額を超える部分の金額が損金の額に算入されなくなる。

Ⅱ　役員個人が負担すべき寄附金

1　法人税基本通達9－4－2の2

　法人税基本通達9－4－2の2は，「法人が損金として支出した寄附金で，その法人の役員等が個人として負担すべきものと認められるものは，その負担すべき者に対する給与とする。」と定めている。一方，法人税基本通達9－2－9(10)において，「役員等のために個人的費用を負担した場合におけるその費用の額に相当する金額」は，法人税法第34条第4項（役員給与には債務免除益その他の経済的利益の供与も含まれる）で給与に含まれるとされている。

　したがって，役員個人が負担すべき寄附金を，法人が役員に代わって支出した場合は，法人が支出した金額は，その役員に対する給与（賞与）とされる。同族会社において，その会社の役員個人が支出すべき寄附金を，法人が支出した寄附金と仮装して経理処理することにより，国等に対する寄附金の損金算入や一般の寄附金の損金算入限度額を利用する場合などが，通達が想定している典型的なケースであると考えられる。

法人が，国等に支出した寄附金が「役員個人が負担すべきもの」か，法人自身の支出した寄附金であるかは，結局は事実認定の問題であると考えられる。

なお，上記の法人税基本通達9－4－2の2で「法人が損金として支出した」と定めているが，その意義は法人税において仮払金として経理したものも支払った事業年度に支出したものとして，寄附金の損金不算入の計算をすることから法人が費用として経理したもの以外も含める趣旨と考えられる。

2　役員給与か寄附金かの課税上の相違点

個人負担すべき寄附金として役員給与になるか，法人が支出した寄附金になるかのいずれかにより，次のような課税上の相違点が生ずる。

① 役員が負担すべき寄附金の場合

役員が負担すべき寄附金を法人がその役員に代わって支出した場合は，その役員に対する役員給与になる。そのようなケースの役員給与は，通常定期同額給与等には該当しないので全額損金不算入になるととともに，役員給与であることから所得税の源泉徴収漏れ，役員自身の所得税の修正が必要になる。さらに，調査等の指摘に基づく場合は各種加算税が課される。

② 会社が支出した寄附金の場合

会社が支出した寄附金となる場合は，その寄附金の種類によって次のようになる。

(1) 国等，指定寄附金の場合

その寄附金の額の全額が損金の額に算入される。

(2) 特定公益増進法人に対する寄附金の額

一般寄附金とは別枠で次の算式の損金算入限度額がある。

$$\left\{\begin{array}{l}\text{その事業年度終了}\\\text{時の資本金等の額}\end{array} \times \frac{3.75}{1,000} + \begin{array}{l}\text{その事業年度}\\\text{の所得金額}\end{array} \times \frac{6.25}{1,000}\right\} \times \frac{1}{2}$$

(3) 普通法人等に対する一般寄附金の場合

$$\left\{\begin{array}{l}\text{その事業年度終}\\\text{時の資本金等の額}\end{array} \times \frac{2.5}{1,000} + \begin{array}{l}\text{その事業年度}\\\text{の所得金額}\end{array} \times \frac{2.5}{1,000}\right\} \times \frac{1}{4}$$

したがって，会社が支出した寄附金になる場合は，その全額，又は損金算

入限度額の範囲内で損金の額に算入されることになる。特に相当の所得金額を計上している大企業の場合は，一般寄附金の損金算入限度額が億円単位であることから一般寄附金に該当する場合でも多額の金額が法人の損金の額に算入される。

3 寄附主体の事実認定
① 事実認定の基準

　法人が支出した寄附金が，役員個人の負担すべき寄附金かどうかの判断は，寄附行為の主体が法人か個人かにより判断する。個人・法人の意思表示の構造，要素を踏まえるならば，寄附行為の主体は，
　(1) 寄附の要請の経緯
　(2) 寄附の動機
　(3) 寄附の決定及び相手側への意思表示の経緯
　(4) 寄附金の支払状況
　(5) 寄附金の受入側の処理手続
などから総合的に判断すべきである。

　主体が法人か役員かを判断する際に，法人の事業との関連性を主要な認定基準にすることも考えられるが，法人税法上の寄附金の意義が，事業との関連性によらずに非対価性によっていることからすると，事業関連性がない寄附金であるから直ちに役員給与になるということにはならない。また，実際，国等に対する寄附金，指定寄附金などの損金算入措置は，一種の奨励措置であり，事業との関連性とか金額の多寡などは問わずに全額損金の額に算入する制度になっている。

② 事実認定のポイント
(1) 寄附の要請の経緯

　寄附の要請が，寄附募集者より個人に対して行われたものか法人に対して行われたものかということである。寄附要請の当初原因が個人との関係にある場合でも，法人主体の寄附ならば法人に対して正式な要請が行われるはずである（寄附募集者からの寄附要請書の宛名等に留意すべきである）。

(2) 寄附の動機

　何故に寄附をしたのかその理由等を明確にしておくべきである。法人が寄附を行うにあたって，寄附は対価性がないことから直接に事業との関連性がない場合が多いことは当然考えられる。しかし，法人としてなぜ寄附を行うのかの理由はあるはずである。

　例えば，役員出身校からの寄附募集に応じる場合でも，単に役員出身校ということではなく，毎年のようにその学校卒業者から会社社員の採用を行っている，営業上の取引関係がある，研究の依頼や共同研究を行っているなど法人として寄附募集に応じる理由があるはずである（取締役会議事録等に明記するのがよいと思われる）。

(3) 寄附の決定及び意思表示の経緯

　法人が寄附の主体である場合には，寄附の決定手続は，金額の重要性にもよるが取締役会の決定によるのが通常である。取締役会の決定を待たずに代表者等の独断で寄附募集者との話が進んでしまわないように留意すべきである。寄附募集者への受入表明，応募表明の手続は会社名義等での文書で行うことになる（取締役会議事録に要請から会社としての決定までの経過を明記すべきである）。

(4) 寄附の受入手続

　寄付募集者側での寄附の受入手続で，受入証書や寄附者名簿の名義人が誰かは重要である。この点についてはあらかじめ法人であることを寄附募集者に確認しておくべきである（寄附受入証，寄附者名簿）。

(5) 寄附後の表彰等

　多額の寄附をした場合，寄附について表彰や感謝状の交付が行われることが多いといえる。この場合，その表彰を受ける名義人が法人であるか否かなどについても注意すべきである（感謝状，顕彰碑など）。

(6) そ の 他

　寄附の金額は，法人が寄附を行う理由などによって自ずとそれに相当な金額が考えられることになる。金額，相手先等についてもその考え方を明確にするのがよい（取締役会議事録などに明記）。また，代表者個人にも要請があっ

たものについては，個人の側でも会社とは別に寄附を行うのが通常であると考えられる。

4　事実認定の困難さと行為計算否認規定

取引としては，法人が支出した寄附金であると事実認定される場合においても，法人税法第132条の同族会社の行為計算否認の規定を用いて，税務署長の認めるところにより役員が負担すべき寄附金と認定し計算することができるかどうかという問題がある。例えば，後記する裁判例の事案ではそのようなものが見受けられる[1]。おそらく，寄附の取引主体が役員個人，法人のいずれであるかの事実認定が困難であることが背景にあるものと考えられる。法人がした寄附支出を法人税法第132条により役員給与と認定できるかというこの問題設定自体が，かなり観念的な論点であり，実際は寄附の主体が誰であるのかの事実認定の問題として決着を付けるべき問題であるように考えられる[2]。

5　裁判例等の概要

寄附主体が役員個人か法人かが問題となった典型的な裁判例を検討する。

① 法人が代表者出身地の私立保育園の建築資金等として行った寄附は，その支出主体が代表者個人であるとされた事例（大分地判昭和41年8月19日税資45・168，福岡高判昭和42年9月26日税資48・447，最判昭和43年6月25日税資53・162）

次のような事実関係を総合的に考慮して判断すれば，たとえ寄附金が会社の経理から支出されたとしても，寄附行為そのものの主体は個人であると事実認定した。

(1) 寄附の要請の経緯，寄附の動機（個人的な縁故関係に基づき，個人の郷土愛に訴えたもの）

1　徳島地判平成5年7月16日の税務署の更正処分時の主張，大分地判昭和41年8月19日における税務署の主張の一部
2　大淵博義「裁判例・判決例からみた役員給与・交際費・寄付金の税務（改訂増補版）」税務研究会出版局723頁

(2)　寄附の受入手続（寄附採納願の名義，電信当座による送金名義，市役所の領収書の名義がいずれも個人）
　(3)　寄附後の表彰等（個人の姓を冠した保育園の名称，市の感謝状，国の紺綬褒章の授与者は個人）等
② **法人がした地元神社への改築費寄附が，役員に対する賞与とされた事例**（徳島地判平成5年7月16日税資198・187，高松高判平成8年2月26日税資215・672，最判平成12年1月27日税資246・303，大塚製薬事件）

　次のように各要素を事実認定して総合的に判断すると神社改築寄附金は，寄附の主体は会社でなく個人であり，寄附の支出は，個人の負担すべき個人的費用を法人において負担し，個人に代わって支出したものであり，その後個人より弁済を受けていないので個人に対する賞与というべきであるとした。
　(1)　寄付の要請は会社ではなく役員個人に対して行われたものである。
　(2)　寄附の動機は，役員個人の地元神社への崇拝の念である。
　(3)　寄附の決定は，あらかじめ会社取締役会に諮ることなく役員個人の意思で決定している。
　(4)　寄附の受入手続は，役員個人からの寄附として受入手続している。
　(5)　寄附後の顕彰碑は役員個人の名称が記載され，これに役員個人は異議を述べていない。
　(6)　上記に加えて，法人が1億5,000万円もの寄附をしなりればならない特別の事情を見出し得ない。税務調査後に芳名碑の記載を個人名から「会社社主」に訂正し寄附主体を糊塗するかのごとき工作が行われている。

③ **法人が支出した寄附金でも，実質的には代表者に対する賞与とすべきとした事例**（東京審裁決昭和46年5月21日審判所例集7383）

　本裁決は，先代代表者の郷里の小学校における二ノ宮尊徳の銅像再建資金を法人が寄附した事例についてのものである。裁決では，およそ法人はその性質からいって純経済人として合理的経済活動に終始すべきであるから，法人の行為は全て法人の事業遂行のために行わなければならないとした上で，たとえ法人が支出した寄附金であっても実質的には，その会社の役員の個人

的地位に基づくもので，その個人の負担すべきものと認められるものについては，これを会社の損金とすべきでなく，また，その経理を形式的には会社の支出としていても，この金額は代表者に対する賞与とすべきであるとしている。

本事案では，「たとえ法人が支出した寄附金であっても」としているが，代表者個人が負担すべき寄附金を法人が負担したもので役員給与であるとの事実認定による構成も可能であったと考えられる。

Ⅲ 出向等に伴う給与負担金

法人の使用人等についてグループ他社等へ出向させた場合には，出向に伴う出向先法人による給与負担金が発生する。この給与負担金について寄附金の認定が生ずる場合がある。

1 出向先の給与負担金が出向者給与額を超える場合

出向先法人は，出向者に係る給与負担金を出向元法人に支払うことになるが，その給与負担金の額が，出向元法人が出向者に支給する給与の額を超えるときは，この超える部分の金額は，出向先法人の給与負担金としての性格はないことになる（法基通9－2－46注2）。

この場合の「超える部分」の取扱いは，その「超える部分」の金額の支払理由によりその取扱いを決定することになり，超過部分の額が直ちに損金不算入になるものではない。

例えば，その差額が経営指導料として支払われている場合は，経営指導料としての実態があれば通常の損金の額になるが，超過部分を支払うことについて合理的な理由がない場合は，対価性のない支出（贈与）とみなされて寄附金となる。

2 給与の較差補填

出向者に対して支給する給与について，通常は出向元法人が負担することに

なる。したがって，合理的な理由もなく，出向先法人が出向元法人の出向者に対する支給金額よりも少ない金額を負担している場合は，その差額については，出向元法人から出向先法人に差額相当額の利益の供与，すなわち寄附金と取り扱われることになる。出向者に係る給与は，本来的には実際に労務提供を受けている出向先法人がその全額を負担すべきだからである。しかし，その負担差額が出向元法人と出向先法人との給与条件の較差から生じているもので，その較差補填のために出向元法人が出向者に支給している場合には，その較差補填金相当額は寄附金とはならず，通常の給与の負担として取り扱われる（法基通9－2－47）。

出向元法人と出向先法人とで，給与条件が異なるとき，特に出向元法人の給与条件に基づく給与が出向先法人の給与条件に基づく給与より高い場合には，出向元法人は，出向先法人に高い給与条件を強制することはできない。一方，出向元法人は，出向者との雇用契約は従前のとおりに存在していることから，出向者は，出向元法人に対して給与条件に基づく差額に対する請求権を有していることになる。そうすると出向元法人が出向者に支給することになる較差補填金は，出向先法人に対する贈与又は経済的利益の供与といえるものでは

| 出向の二重性 |

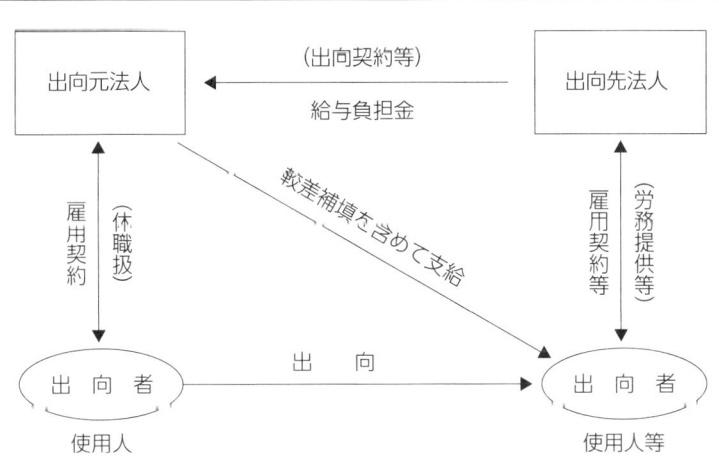

* 出向先で役員の場合は出向先での契約は委任契約による職務執行になる。

なく，出向元法人が負担してしかるべき金額となり，通常の給与の取扱いになる（前頁図参照）。

3　出向者に対する較差補填の例

出向者に対する較差補填の例としては，次のようなケースが上げられている（法基通9－2－47（注））。

① 出向先法人が経営不振等で出向者に対して賞与を支給することができないため出向元法人が出向者に賞与を支給する場合

　子会社が経営不振に陥り，賞与の支給が出向先会社全体として減額されたり，支給できなくなったりした場合において，出向元会社では通常どおりに賞与の支給が行われているようなケースでは，出向者は偶々出向していたがゆえに賞与の支給が減額されたり，支給がなかったことになる不利益を被ったことになり，出向者としては従前の出向元会社との間での雇用契約に基づき，出向元会社に通常の賞与を支払うことを請求することができる。したがって，このようなケースでは出向元会社は出向者の減額等された賞与を出向元会社が負担して支払うことになり，その出向元会社が負担する賞与は出向者に対する格差補填に伴う給与負担として，支払った出向元会社において損金の額に算入される。

　また，出向者が出向元法人で使用人であり，出向先法人では役員の場合には，一般に出向先法人では事前確定届出給与を除き，役員に対して賞与を支給しないであろうから，出向元法人が出向元法人の給与条件に基づいて賞与を支給する場合なども較差補填の例ということができる。

② 出向先法人が海外法人の場合の留守宅手当等

　海外子会社に対する格差補填金の例として留守宅手当がある。留守宅手当については，出向元法人が負担する格差補填金の具体例として挙げられている（法基通9－2－47）。

　留守宅手当の典型例としては，海外子会社等に日本の親会社から従業員が出向する場合に，日本に家族を残して出向するケースでは，日本の家族の生活保障の意味もあって出向者に支払う給与の一部を国内払いとして支給する

ものなどがある。

　留守宅手当についてはその範囲及びそれを出向元法人が負担すべき合理性の基準が明確にされていない。主に国内残留家族の生計を維持する等のために国内払いとされる手当等が典型的なものである。出向元法人が負担する国内継続の日本の社会保険料などもそれに含まれるが，さらにどの程度その範囲が拡大されるかを明らかにしているものはない。

　海外在籍出向者に対する給与方式のうち購買力補償方式[3]に基づく場合を例にとって留守宅手当の内容を示すと次のようになると考えられる。

$$\begin{pmatrix} 出向者 \\ に対す \\ る給与 \\ の総額 \end{pmatrix} = \begin{pmatrix} 各国の生計費に関する \\ 指標を用いて本国（日 \\ 本）生計費に対応する \\ 当該外国生計費を算定 \end{pmatrix} + \begin{pmatrix} 生計費 \\ 以外の \\ 住来給 \\ 与分 \end{pmatrix} + \begin{pmatrix} 海外勤 \\ 務手当 \\ 等の諸 \\ 手当 \end{pmatrix} + \begin{pmatrix} 社会 & 国内 & 留守 \\ 保険 + 家族 = 宅手 \\ 料等 & 手当 & 当 \end{pmatrix}$$

　なお，留守宅手当に対する源泉税は，非居住者の国外勤務に係る給与であることから，原則発生しないはずだが，海外出向者が一時帰国した場合は，短期滞在者免税の適用がなく，帰国期間に対応する分の手当てについて源泉税が発生する可能性がある。

【短期滞在者免税の要件】
(1) 日本における滞在期間がその年を通じて183日以内であること。
(2) 給与支払者は日本の居住者でないこと。
(3) その給与が日本国内のPEにより損金計上されないこと。

③　外国との給与水準の較差に伴う補填金

　較差補填ということでは，出向先の国の給与水準と日本の給与水準から生ずる較差補填も含まれるものと考えられる。

　例えば，現地の給与水準が日本に比較して低い場合は，現地の給与水準に基づいて現地での給与を現地出向先法人が負担して支給し，日本で支給していた給与額との差額については日本の出向元法人が格差補填金として支給することも考えられる。これについては，出向先法人及び出向元法人があらかじめ賃金表，負担割合について出向契約書などで明確にし，その負担の合理

---

[3] 他の計算方式としては，国内給与の手取り額を保障し，これを海外基本給とし，諸手当を加算する併用方式や別建て方式などがある。

性を説明する書類を整備しておく必要があり，合理性が問題とされることは少なくない。また，最近においては日本よりも海外の給与水準が高い場合も少なくなく，給与水準を理由とした格差補填が生ずるケースは減っているといえる。

④　家族手当等の国内払い給与に対する現地課税

海外子会社出向者に対する国内払い給与等については，国内で課税されないが，原則として出向している現地国で課税対象とされる。したがって，現地国での出向者に係る所得税の確定申告などで，日本国内払いの留守宅手当等は申告に含めておかないと，後でトラブルのもとになることから留意する必要がある。

4　較差補填以外の給与負担金の例

国内外の出向にかかわらず，出向元法人が出向者の給与につき，出向先法人に代わって負担する場合でも合理的な理由があれば寄附金に該当しない。この場合の合理的理由としては次のような例が考えられる。

(1)　出向者の行う業務に出向元法人の独自の業務が含まれている場合の当該業務に係る給与負担金は寄附金には該当しない。例えば，出向元法人である親会社が，出向先法人の業務を専ら親法人の立場で監督するために親会社の使用人を出向させるケースなどでは，出向者が行う業務の一部は，専ら出向元法人である親会社の業務に係る業務が含まれている。かかる業務は子会社の業務ではないので，その部分に対応する給与を出向元法人である親会社が負担しても寄附金とはならないと考えられる。このような場合には，その勤務の内容・実態に応じた合理的な負担区分を示す必要があり，その負担区分の根拠となる当事者の契約及び資料の整備が必要である。

(2)　経営危機に直面している子会社等の合理的な再建計画を遂行するために親会社から責任者を出向する場合の，その者に係る給与負担金は出向元法人である親会社が負担するのが通常であると考えられる。このようなケースにおいては経営危機に瀕している子会社に負担させたところで，結局は親会社が再建計画遂行のために債務免除等の損失負担をすることが前提と

なっているからである。

5　出向等に伴う退職給与負担金

　出向等に伴う給与負担金には，通常の給与，賞与以外に退職給与の負担の問題もある。退職給与は過去の労務の対価の後払いの性質を有することから，通常は勤続年数等に応じて退職給与金額は決定される。したがって，出向者に対する退職給与のうち出向先法人に勤続していた期間に対応するものは，出向先法人が負担すべきである（法基通9－2－48）。負担の方法には次のようなパターンがあるが，いずれにしても当事者があらかじめ負担区分を定めておく必要があり，その負担額の計算が出向者の出向期間に対応した合理的な計算方法によっている必要がある。

(1)　出向者が出向元法人に復帰するときに精算する方法
(2)　出向者が出向元法人を退職した時に精算する方法
(3)　あらかじめ定めた負担区分に基づき一定額を定期的（月ごと，半年ごと，1年度ごと等）に支出して完了する方法

第6章 グループ法人税制と寄附金課税

> グループ法人税制の主要な項目に寄附金課税の特例（法法37②）がある。グループ法人税制は、連結納税制度とは異なる単体法人課税をベースとしている。グループ法人税制の理論的論拠は何かについて検討し、その問題点にも触れながら、グループ法人税制における寄附金課税の特例について整理する。

I グループ法人税制の導入

1 グループ法人税制の概要

平成22年度税制改正において、単体課税制度の下での100％グループ内の法人間取引に係る税制改正、いわゆる「グループ法人税制」が導入された。この税制の主な項目は、次のようなものである。グループ法人税制とは、これらの法人税法の別段の定めの総称をいう。これらの諸措置の全体がグループ法人税制と呼ばれるが、統一した理論的根拠により制度が作られているわけではないように思われる。

(1) 100％グループ内の法人間の資産の譲渡取引等における譲渡損益の繰延べ（法法61の13）
(2) 100％グループ内の法人間の寄附金税制の見直し（法法25の2、37②）
(3) 100％グループ内の法人間の適格現物分配制度の創設（法法2十二の十五、法法62の5③）

(4) 100％グループ内の法人からの受取配当等の益金不算入制度の見直し（法法23①，④）
(5) 100％グループ内の法人の株式の発行法人への譲渡に係る損益取引の見直し（法法61の2⑯，法令8①十九）
(6) 中小企業向け特例措置の大法人の100％子法人等に対する不適用（法法66⑥ほか）など

2　グループ法人税制の趣旨

　グループ法人税制導入の趣旨は，企業グループを対象とした法制度や会計制度が定着しつつある中，税制においても，法人の組織形態の多様化に対応するとともに，法人のいわゆるグループ経営に対して課税の中立性や公平性等を確保することにある。

　企業組織再編，事業再編をスムーズに行うため，会社法制においては平成11年の株式交換・株式移転制度，平成12年会社分割法制，平成18年会社法の全面改正などの商法，会社法改正が行われてきた。また会計制度においても連結財務諸表の一般化，企業結合会計基準の確立などが進展した。このような企業組織再編，事業再編をめぐる法制度の整備や会計制度の確立に対応して，税制面でも組織再編成税制や連結納税制度が導入された。これらの企業組織再編，事業再編の背景にあるものは企業のグループ経営の進展と多様化であった。企業経営，取引における「グループ」，「グループ内取引」という観点に着目し，グループ内取引による選択的損益の計上を防止するとともに，グループ内での資産等の移転を行いやすくし，グループ経営の円滑化を図るなどの目的のために創設された制度が「グループ法人税制」である。完全支配関係にあるグループ内法人間では，「資産の移転が行われた場合であっても実質的には資産に対する支配は継続していること，グループ内法人間の資産の移転の時点で課税関係を生じさせると円滑な経営資源再配置に対する阻害要因にもなりかねないことから，連結納税の選択の有無にかかわらず，その時点で課税関係を生じさせないことが実態に合った課税上の取扱い」であるとされた[1]。

1　「改正税法のすべて（平成22年度）」（財）日本税務協会，189頁

具体的には，完全支配関係にあるグループ内法人間での資産の譲渡取引については，譲渡損益の計上は繰り延べることとし，完全支配関係にあるグループ内法人間での無償による資産，役務の提供（寄附金）については所得が移転しないようにするなどの諸措置が創設された。

しかし，「グループ内法人間の資産の移転の時点で……課税関係を生じさせないことが実態に合った課税上の取扱い」であるとしても，何故，グループ内法人間の資産の移転取引には課税関係を生じさせないのが，実態に合った取扱いであるのかの論拠についての明確な説明は行われていない。適格組織再編税制の譲渡損益繰延の根拠は，「組織再編成により資産を移転する前後で経済実態に実質的な変更がない」こととしており，組織再編成の前後における経済的実態，経済的実質を考慮して設けられた立法措置であり，単純な政策的な優遇税制として設けられたものでないといわれているが，グループ法人税制がそれと同じことを論拠にしているかは不明である。

組織再編成税制においては，完全支配関係の下での組織再編成について，「移転資産に対する支配の継続」があるとされ，適格組織再編成として移転資産の簿価引継ぎ，簿価譲渡と整理された。しかし，金銭の交付が行われた場合は，通常の資産売却と変わりがないことから適格組織再編成ではなく，時価による譲渡とされた。ところが，グループ法人税制では，通常の金銭売却であっても譲渡損益の繰延べが行われる。どのような論拠により，譲渡損益の繰延べを結論付けているのかが明らかにされていないのである。

Ⅱ　100％グループ内寄附金税制の趣旨

1　制度の趣旨

グループ法人税制における寄附金課税では，内国法人が各事業年度においてその内国法人との間に完全支配関係がある他の内国法人に対して支出した寄附金の額は，その支出した内国法人の各事業年度の所得の金額の計算上，損金の額に算入しないこととされた（法法37②）。逆に，内国法人が各事業年度においてその内国法人との間に完全支配関係がある他の内国法人から受けた受贈益

の額は，その受贈益の額を受けた内国法人の各事業年度の所得の金額の計算上，益金の額に算入しないこととされた（法法25の2）。

この取扱いについて，その制度の趣旨としては次のように述べられている[2]。

> 従来の連結法人間の寄附金については，支出側で全額損金不算入とされる一方，受贈側で益金算入とされており，見方によれば内部取引について課税関係を生じさせているともいえる状態でした。そこで今回，グループ内部の取引については課税関係を生じさせないこととする全体の整理の中で，このグループ内の寄附金についても，トータルとして課税関係を生じさせないこととするものです。
> なお，支出側で全額損金算入し，受贈側で全額益金算入する方法でも，トータルとしての課税はプラスマイナスゼロとなりますが，この方法によると所得の付替えが容易に行えるようになるため，採用されていません。

グループ内取引については，課税関係を生じさせないという基本的考え方によっているとされている。

2 グループ法人税制の基本的考え方の問題点

グループ法人税における寄附金課税制度の基本的考え方は，「グループ内取引については，課税関係を生じさせない」ということである。しかし，この考え方を理解することは困難である。何故にグループ内取引については，課税関係を生じさせないとするかの理論的根拠が明確にされていない。上記1で引用した説明では，連結納税の場合を取り上げて「見方によれば内部取引について課税関係を生じさせている」ことから見直すこととし，それに合わせて「グループ内の寄附金についても，トータルとして課税関係を生じさせない」こととしたとしている。しかし，課税単位そのものを個別の法人から完全支配関係下のグループ法人とする連結納税制度と課税単位を個別の法人とする通常の法人税を同様に考えてよいのかという基本的疑問についての検討が何らなされていない。また，従来の考え方との関係も何ら明らかにされていない。

---

2 前掲注1・206頁

従来の関連会社間取引に対する基本的考え方は，第三者間取引を基準にして課税関係を律してきていたといえる。すなわち，特殊関係のない第三者間における取引や利益追求を目的とする法人の経済的合理性のある取引を基準とし，法人税法第22条第2項の無償取引規定及び寄附金課税規定をセットで適用することにより，特殊関係会社間での所得振替を防止してきたといえる。第三者間取引を基準として時価課税することとしていた従来の基本的考え方とグループ法人税制の基本的考え方とは全く異なる考え方であるといえる。

　取扱いにおける大転換であるにもかかわらず，従来の基本的考え方との関係について理論的整理が全く図られていないことは問題である。

　また，「グループ内取引については，課税関係を生じさせない」という基本的考え方の根拠が，組織再編成税制の基本的考え方として述べられていた「移転資産に対する支配の継続」と同じものであるのか，すなわち「グループ内取引の前後で経済実態に実質的な変更がない」という実質主義を根拠としているのかどうかも明確にされていない。したがって，理論的には完全支配関係の下での取引に限定されるものなのか，より範囲を広げることも可能であるのか，その場合の基準はどうなるのかなど全く明らかにされていない問題点がある。

3　一段階説からのアプローチ

　グループ法人税制の趣旨は，グループ内取引による選択的損益の計上を防止するとともに，グループ内での資産等の移転を行いやすくし，グループ経営の円滑化を図るなどの目的があるとされている。関連会社間での所得移転及び振替えの防止措置という観点から考えると次のようなアプローチの仕方もあることを指摘しておきたい。

　グループ会社間取引においては，従来より，所得移転や所得振替による課税上の弊害が指摘されていた[3]。グループ会社間取引による所得移転等に対処する法人税法の規定は法人税法第22条第2項（無償取引に対する収益の額の認識）と第37条（寄附金の損金算入限度額計算）であったが，これらの規定による対処

---

[3]　この点については増井良啓「結合企業課税の理論」東京大学出版会，第1章において詳細に述べられている。

では不十分であった。特に寄附金の損金不算入規定は損金算入限度額によっては，ほとんど所得振替防止機能が発揮し得ないケースも生じたり，逆に受贈益について課税対象になることから二重課税的な酷な課税が生じる等，有効に機能していなかったといえる。このような状況に対して，移転価格税制を参考にした一段階説が立法論として主張されていた[4]。やや強引であるが，理論的には，この一段階説を参考にしたものがグループ法人税制における寄附金課税であると整理できなくもない。もっとも，グループ法人税制における寄附金課税は，完全支配関係会社間における取引とその適用範囲が極めて狭く限定されていることや第二段階の対応的調整が完全に解決されていないことが問題点として指摘できる[5]。

もちろん，以上のようなアプローチからの整理は，グループ法人税制における寄附金課税についての理論的説明に限られるもので，グループ法人税制における譲渡損益の繰延措置全体に関する理論的説明になるものとはいえない。

III　グループ法人税制における寄附金課税の内容

1　受贈益の益金不算入・寄附金の損金不算入

グループ法人税制における寄附金課税は，次のように寄附金の損金不算入と受贈益の益金不算入とが対応的にワンセットで行われている。

①　寄附金の損金不算入

内国法人がその内国法人と完全支配関係がある他の内国法人に対して支出した寄附金の額は損金の額に算入しない（法法37②）。この場合の完全支配関係は法人による完全支配関係に限定されている。寄附金の額は，法人税法第25条の2に規定する受贈益の額に対応するものに限られている。寄附金の額は，いずれの名義をもってされるかを問わず，金銭その他の資産又は経

---

[4] 金子宏「無償取引と法人税」有斐閣「所得課税の法と政策」318頁，注(3)前掲書や岡村忠生「無利息貸付課税に関する一考察」法学論叢123巻3号

[5] 一段階説の内容は，法人税法第22条そのものの改正を想定したものである点で平成22年度改正とは基本的な点で異なるが，寄附金の損金不算入と受贈益の益金不算入を対応的に考えている点で一段階説であるといえなくもない。

済的な利益の贈与又は無償の供与（広告宣伝費等を除く）をした場合におけるその金銭の額若しくは金銭以外の資産のその贈与の時における価額又はその経済的利益のその供与の時における価額によるものとされている（法法37⑦）。低額譲受けの差額部分の金額についても寄附金の額に含まれるものとされている（法法37⑧）。

② 受贈益の益金不算入

内国法人がその内国法人と完全支配関係がある他の内国法人から受けた受贈益の額は益金の額に算入しない（法法25の2）。この場合の完全支配関係は「法人による完全支配関係」に限るとされている。受贈益の額は，法人税法第37条第7項に規定する寄附金の額に対応するものに限られている。受贈益の額は，寄附金の額と同様に規定されている（法法25の2②，③）。

2 対象となる取引，法人による完全支配

グループ法人税制における寄附金課税（以下「寄附金・受贈益特例」という）は，内国法人と内国法人との間の取引に限定されている。法人と個人，内国法人と外国法人との取引は適用の対象にならない。また，寄附金・受贈益特例は「法人による完全支配関係に限る」とされている。これは特に相続税対策等への利用による弊害を意識したものであるといわれている。この点については，施行令第4条の2のみなし規定を前提にすると完全支配関係の頂点が個人の場合には適用がないとの解釈も文理上は成り立つように思われるが，その個人を頂点とした完全支配関係の中に法人による完全支配関係の並存を認めるものとされている[6]。

---

6 「改正税法のすべて（平成22年度）」日本税務協会，207頁

第6章　グループ法人税制と寄附金課税

「法人による完全支配関係」の例

【ケース１】

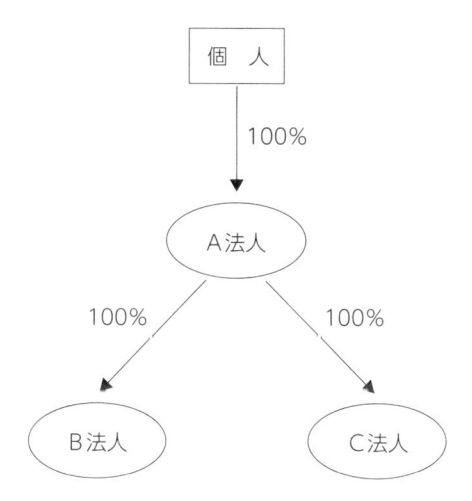

```
            個　人
              │
             100%
              ↓
            A法人
           /      \
        100%      100%
         ↓          ↓
       B法人       C法人
```

①A法人⇔B法人間の取引，②A法人⇔C法人間の取引，③B法人⇔C法人間の取引のいずれも法人による完全支配関係となり，寄附金・受贈益特例の適用がある。

【ケース２】

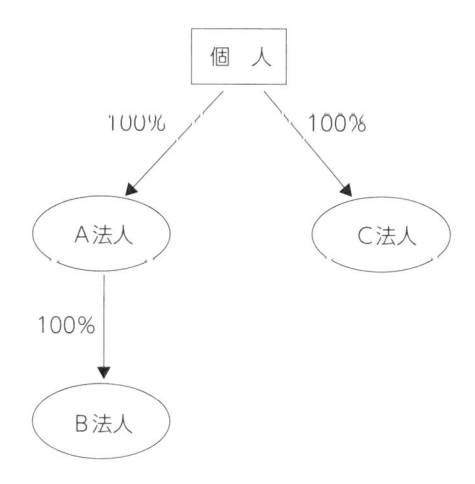

```
            個　人
           /      \
        100%      100%
         ↓          ↓
       A法人       C法人
         │
        100%
         ↓
       B法人
```

①A法人⇔B法人間の取引には寄附金・受贈益特例の適用があるが，②A法人⇔C法人間の取引，③B法人⇔C法人間の取引はいずれも個人による完全支配関係に該当し寄附金・受贈益特例の適用がない。

3　対応的調整

　寄附金・受贈益特例は，寄附金の損金不算入と受贈益の益金不算入がセットになっている。各規定において「受贈益（寄附金）の額に対応するものに限る」と定められている（法法25の2①，37②）。このことから受贈益又は寄附金の片側だけの調整が行われることはない。

4　寄附金と他の費用との区分

　寄附金の隣接費用には次のようなものがある。
(1)　広告宣伝費，見本品費
(2)　交際費等
(3)　福利厚生費・給与・給与負担金等
(4)　経営指導料
(5)　子会社等整理損失（法基通9－4－1），子会社等再建支援損失（法基通9－4－2）
(6)　認定配当（法基通1－5－4）

　これらの寄附金の隣接費用については，寄附金になるのか隣接費用になるのかによって法人税上の処理が異なってくる。平成22年度改正の寄附金・受贈益特例の創設により，寄附金と隣接費用の区分について改正が行われたわけではない[7]。したがって，この区分基準に変更はない。この点に関して1点だけ触れておくと完全支配関係にある親子会社間の取引で子会社から親会社に対する経済的利益の供与については，法人税基本通達1－5－4により認定配当の可能性がある。もちろんこの点についても従来の解釈と相違が生ずるわけではない。会社法が前提とする配当概念と同一概念によっている法人税法の考え方の下では，認定配当については限定的に考えられていたと思われる。法人税基本通達1－5－4は，利益又は剰余金の分配には「株主等に対しその出資者たる地位に基づいて供与した一切の経済的利益を含む」としている。この取扱いは，事実上は配当であるにもかかわらず，給与等の他の取引として処理してい

7　「改正税法のすべて（平成22年度）」日本税務協会，209頁

るようなものを想定していると考えられる。寄附金も損金算入限度額が多額にある場合は，事実上は配当であるにもかかわらず寄附金で処理することによって損金算入を意図するようなことも考えられる。しかし，グループ法人税制の場合は，全額損金不算入になることから，その点については配当とする課税上の意味はあまりないように思われる。源泉所得税の問題はないとはいえないが，そのために配当認定することは考え難いように思われる。特に事業の遂行に伴った費用負担等に係る利益供与について認定配当ということは考え難いと思われる。

5　処理の概要

寄附金の損金不算入・受贈益の益金不算入の具体的な処理例は次のようになる。

① 法人による完全支配関係がある内国法人間で金銭5,000万円を贈与した場合

【贈与法人の処理】

(借) 寄　附　金　5,000　　(貸) 現　　　金　5,000

　　（損金不算入（外）・法法37②）

【受贈法人の処理】

(借) 現　　　金　5,000　　(貸) 受　贈　益　5,000

　　　　　　　　　　　　　　（益金不算入（外）・法法25の2①）

益金不算入・社外流出処理ということは，すなわち利益積立金額は留保された状態であり，別表五（一）の利益積立金額残高に自動的に加算されている。損金不算入・社外流出処理も同様で利益積立金額は自動的に減算されている。なお，含み益のある資産の贈与の場合は，100％グループ内の法人間の資産の譲渡取引等における譲渡損益の繰延べ（法法61の13）の規定が併用される。

② 法人による完全支配関係がある内国法人間で金銭5,000万円を無利息融資した場合

甲会社から乙会社に貸付金5,000万円について無利息貸付けによる利益供与が行われた場合について処理を示す。なお，この貸付けに伴う時価利息は

200とする。この無利息融資は事業再建等に基づくものでなく単純な利益供与とする。なお，甲会社，乙会社はいずれも丙会社の100％子会社とする。

【甲会社の処理】
(借) 貸　付　金　　5,000　　(貸) 現　　　　金　　5,000
(借) 寄　附　金　　　200　　(貸) 受　取　利　息　　　200
　　　（損金不算入（外）・法法37②）

【乙会社の処理】
(借) 現　　　　金　　5,000　　(貸) 借　入　金　　5,000
(借) 支　払　利　息　　　200　　(貸) 受　贈　益　　　200
　　　　　　　　　　　　　　（益金不算入（外）・法法25の2①）

　通常の処理においては，上記（乙会社）の次の処理（支払利息　200／受贈益　200）は，省略されて処理しないのが，これまでの一般的考え方であった。寄附金・受贈益特例の適用においては，省略せずにあえて両建処理を行い，結果的に支払利子の損金算入が認められることになる。法人税法22条2項の規定においては，「無償による資産の譲受」については明記されているが「無償による役務の受入れ」について記載していないことから，上記の（支払利息／受贈益）の処理は規定上は行うことができないという見解もなくはないが，「無償による役務の受入れ」を明記しなかったのは，通常は所得金額の計算に影響を及ぼさないことを考慮したものであり，所得金額に影響が生ずる場合についても計上処理できないことを定めた趣旨であるとはいえない（この点については第2部第1章【3】II参照）。

6　寄附修正事由と簿価修正

①　制度の趣旨

　寄附金・受贈益特例の適用により，所得移転，所得振替えは防止することができるが，資産（利益積立金額）の移転の事実に変更はない。この点につき課税上の認識，対応を行わないと株式等の譲渡損失等が二重に作出される課税上の弊害が考えられる。一段階説の見解によるならば第二段階の調整が

必要になるという主張に相当する問題である。この点について一段階説の論者は，諸外国の出資，配当の処理を参考にしつつ，この二段階目の調整により課税が生じないようにすべきであるとしている[8]。グループ法人税制は，この調整について親会社が保有している株式等の簿価修正により処理することにしている。しかし，便宜性を重視して株式等の簿価修正は簡便的に一段階だけになっている。理論的には連結納税制度のように多段階の簿価修正が必要である。そうでないと容易に株式等の譲渡損失が作出される弊害等が考えられるからである[9]。

② 寄附修正事由と簿価修正

寄附金・受贈益特例は，関係株式等の簿価修正が簡便的に一段階だけ行われる。すなわち，寄附修正事由が生じた場合には，その関係株式等の直前帳簿価額に次の算式で算出した金額を加算するとともに利益積立金額を加算する（法令9①七，119の3⑥）。寄附修正事由とは，子法人が他の内国法人から法人税法第25の2第1項の適用を受ける受贈益を受け，又は子法人が他の内国法人に対して法人税法第37条第2項の適用を受ける寄附金を支出したことをいう。

簿価修正額＝受贈益の額×持分割合－寄附金の額×持分割合

③ 簿価修正の処理

A法人による完全支配関係にあるB法人，C法人間でB法人からC法人に対して1,000万円の金銭贈与があった場合の処理例（下図参照）を次に示す。

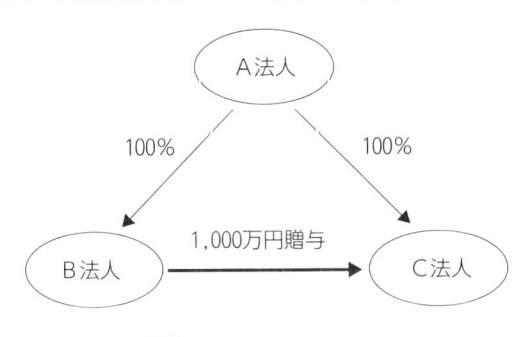

---

8 前掲注3・250頁
9 「改正税法のすべて（平成22年度）」日本税務協会，208頁

【一段階目の調整（所得移転，振替えの防止）】
　【B法人の処理】
　　（借）寄　附　金　　1,000　　（貸）現　　　金　　1,000
　　　　（損金不算入（外）・法法37②）
　【C法人の処理】
　　（借）現　　　金　　1,000　　（貸）受　贈　益　　1,000
　　　　　　　　　　　　　　　　（損金不算入（外）・法法25の2①）
【二段階目の調整・株式の簿価修正（法令9①七，119の3⑥）】
　現実に資産が移転していることの税務上の影響を考慮して，A法人においてA法人の所有するB法人株式，C法人株式の簿価修正が行われる。
　　（借）利益積立金額　　1,000　　（貸）B 法 人 株 式　　1,000＊
　　（借）C 法 人 株 式　　1,000＊　（貸）利 息 積 立 金　　1,000
　　　＊　寄附金の額，受贈益の額(1,000万円)×持分割合(100%)

④　二段階調整の不完全性
　寄附金・受贈益特例に係る簿価修正は，連結納税制度とは異なり，調整が煩雑になることを避け，便宜性を重視して一段階だけである。したがって，例えば下記の様なケースを想定すれば明らかなように，容易に所有株式について損失，利益を作出することができる。この点については既に述べたように，課税当局も十分に承知しており，弊害のある取引については何らかの措置により対処するものと思われる。下図の場合にB法人が所有するD法人株式，C法人が所有するE法人株式は簿価修正が行われるが，A法人が所有するB法人株式，C法人株式については簿価修正が行われないことから損失，利益が作出されることになる。

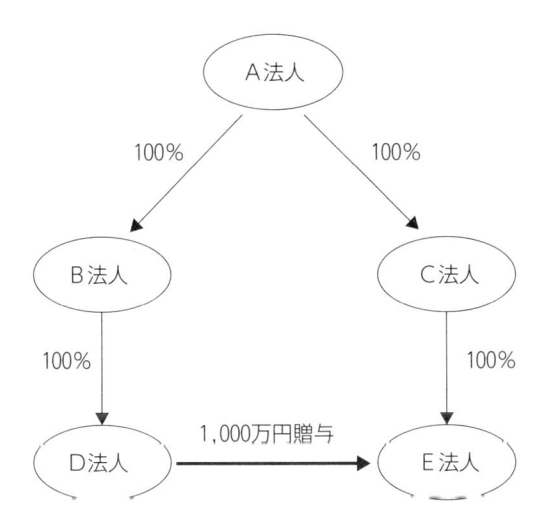

第6章　グループ法人税制と寄附金課税

```
            A法人
        100%/    \100%
           ↓      ↓
         B法人    C法人
         100%↓    ↓100%
         D法人 ―1,000万円贈与→ E法人
```

第7章 移転価格税制と寄附金

　国際課税固有の非違が把握された処理形態のうち、約60％が国外関連の寄附金課税であるとの資料がある＊。国外関連者との取引で寄附金が問題となる規定に租税特別措置法66条の4第3項の規定がある。同条文は移転価格税制の規定であるが、同条3項は、国外関連者に対する寄附金の額は、その全額を損金の額に算入しないとしている。本稿では、この規定を中心に検討する。

＊　東京国税局「国際課税関係研修資料」より。

I　移転価格税制と寄附金の関連性

1　移転価格税制の概要

　移転価格税制は、国際的な取引に伴う所得の配分を適正に行い、わが国の課税権を確保するために設けられた税制である。

　法人が、国外関連者との間で資産の販売、資産の購入、役務の提供などの取引（国外関連取引）を行った場合に、資本関係等のない独立企業間の取引価格（独立企業間価格）に比較して低額販売や高額購入をしたときには、その取引が独立企業間価格で行われたものとみなして課税所得金額の計算を行うものである（措法66の4①）。国外関連者とは、国外関連取引の当事者となる外国法人で、取引当事者の一方の法人と特殊な関係にある法人をいう。特殊な関係にある法人とは、一方の法人が他方の法人の発行済株式等の50％以上を直接又は

間接に所有する場合等の外国法人をいう（措令39の12①）。

移転価格税制の概要

【実際の取引】　低額販売の場合

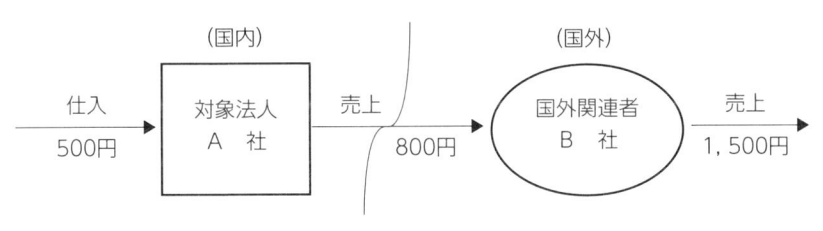

```
        （国内）                    （国外）
  仕入  ┌──────┐  売上       ┌──────┐  売上
 ────→│対象法人│────→    │国外関連者│────→
  500円 │ Ａ 社 │  800円      │ Ｂ 社  │ 1,500円
        └──────┘             └──────┘
```

（Ａ社の所得金額）　800円－500円＝300円

【移転価格税制適用後の所得計算上の取引】

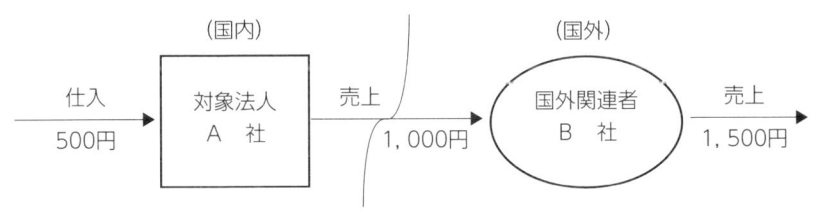

```
        （国内）                    （国外）
  仕入  ┌──────┐  売上       ┌──────┐  売上
 ────→│対象法人│────→    │国外関連者│────→
  500円 │ Ａ 社 │ 1,000円     │ Ｂ 社  │ 1,500円
        └──────┘             └──────┘
```

（Ａ社の所得金額）　1,000円－500円＝500円

2　措置法第66条の4第3項の趣旨

　租税特別措置法第66条の4第3項（以下「本規定」という）は，法人が支出した寄附金の額のうち国外関連者に対するものは，所得金額計算上，その全額を損金の額に算入しないとしている。法人税法第37条の寄附金は，原則として，損金算入限度額を超える部分の金額を損金の額に算入しないとしているが（法法37①），本規定は，その全額を損金の額に算入しないとしている点が要点である。本規定は，平成3年度税制改正により創設されたもので平成3年4月1日以後の支出分から適用になった。創設の趣旨については，次のように記載されている。

> これまで企業が支出した一般的な寄附金は，海外の関係会社に対するものも含め，一定の限度内で損金の額に算入することが認められていました。したがって，海外の関係会社との取引を通じる所得の移転については移転価格税制によって規制されますが，関係会社に対する単なる金銭の贈与や債務の免除については一定の限度内で損金算入が認められるため，同じ所得の海外移転でありながら両者の課税上の取扱いにアンバランスが生ずるという問題がありました。そこで今回の改正では，この問題を是正するため，海外の関係会社に対する寄附金についてはその全額を損金に算入しないこととされました[1]。

　大会社等の場合は資本金等の額，所得金額が多額であることから寄附金の損金算入限度額も何億円と計算されるケースも少なくない。そうすると，寄附金の損金算入限度額を利用して関係会社間での利益移転が可能になる。例えば次のようなケースを考えてみればよい。

多額の寄附金の損金算入限度額がある場合（通常の寄附金税制）

　解りやすくするためにやや極端な例を挙げて，次のように時価での取引と寄附金取引とが行われた場合を考える。実質的には低額販売と経済的実質は変わりがないが，税務上の規制を受けることなく，結果的に利益移転が可能になる[2]。

【例】　時価取引と金銭贈与

【時価による取引】（単位：百万円）

　（借）現　　　　金　　1,000　　（貸）売　　　　上　　1,000

　→時価での取引のため移転価格税制の適用なし。

【金銭の贈与の取引】

　（借）寄　附　金　　　200　　（貸）現　　　　金　　　200

（法法37①）

1　加藤治彦ほか「改正税法のすべて（平成3年版）」日本税務協会，287頁
2　金子宏「租税法第二十版」弘文堂，527頁に同様なケースが紹介されている。もちろんこの取引が単に低額販売を仮装した取引であれば，事実認定で低額販売とされることになる。

→損金算入限度額が多額にある場合は寄附金200百万円は全額損金の額に算入される。

　上記の二つの取引を合わせて考えれば，実質的には800百万円による低額販売になり，本来であれば時価との差額（200百万円）について移転価格税制の適用を受けるべきであるが，寄附金の損金算入限度額を利用して容易に利益移転が可能になってしまう。

　このような不合理，アンバランスな事態が生ずることを防止するために設けられたのが，平成3年に導入された本規定なのである。本規定を導入することにより，上記のようなケースでは寄附金200百万円が全額損金不算入になることから，売上1,000百万円の収益が計上されて利益移転は防止されることになる。

　国外関連者に対する寄附金を全額損金不算入とした本規定の立法趣旨は，典型的には上記のような金銭の贈与や債務の免除に対する措置として設けられたものであると考えられる。したがって立法担当者は，贈与事実が明確でない低額販売，低額譲渡などの場合に，本規定を適用することを想定していなかったものと考えられる。そのような場合は，価格の問題として移転価格税制を適用すれば済むことであるからである。

II　本規定と移転価格税制の適用関係の諸説

　上記のような本規定の立法趣旨を踏まえたとしても，本規定と移転価格税制（措法66の4①）の適用関係については次のように諸説がある。

1　寄附金規定（法法37）の第7項，第8項に対応して区分する説

　この説は適用関係を，法人税法第37条第7項に規定する寄附金のうち国外関連者に対するものは本規定を適用し，同条第8項に規定する寄附金のうち国外関連者に対するものは移転価格税制（措法66の4①，④）を適用するという説である。本規定が「寄附金の額（法人税法37条7項に規定する寄附金の額をいう）」と定めていることを直接条文上の根拠とし，立法趣旨をも踏まえた解釈

と考えられる[3]。

2　贈与の意思が明確なものに限定する説

　この説は、本規定の適用を行った場合には相互協議の申立の対象にならないことを考慮し、内国法人と国外関連者との間の取引においては、「取引の伴う経済的な効果が贈与と同視し得るものか否か」は慎重に判断すべきものであり、贈与の意思が明らかに認められるようなものでない限り、寄附金課税を行うべきでないという考え方である[4]。

3　移転価格税制（措法66の4①，④）の優先適用説

　この説は、寄附金の概念がそもそも曖昧であること、移転価格税制（措法66の4①，④）を適用した場合は相互協議の適用が確保されており二重課税の排除が実行されやすいこと、その他手続規定における更正・決定の除籍期間の延長、加算税の納税猶予、事前確認手続などの整備等との関係で移転価格税制（措法66の4①，④）を優先適用すべきとし、寄附金適用は「単なる金銭の贈与や債務の免除など」になるとする説である[5]。

4　通常の寄附金と同様に考える説

　上記の1～3の説は、いずれにしても、本規定の寄附金の範囲を法人税法第37条第7項の場合に限定したり（1の場合)，「単なる金銭の贈与や債務の免除など」（2の場合）に限定し、通常の寄附金の概念より狭く解しようとしている。しかし、本規定に関する裁判例では、本規定の寄附金の概念を法人税法第37条第7項、第8項の寄附金と同じにとらえているのが多い。

　例えば、国外関連者に対する貸付債権の一部を放棄し、子会社整理損として損金の額に算入したものに対して、本規定を適用した事案（東京地判平成21年7月29日）では、次のように本規定における寄附金について述べている。少し

3　山川博樹「移転価格税制の執行理論と実務」税務研究会出版局，191頁
4　中里実ほか編著「移転価格税制のフロンティア」有斐閣，288頁（伊藤剛志，小原英志）
5　北村德志「国際的な関連法人間取引と寄附金課税」第36回日税研究賞入選論文，27頁

長くなるが該当判決文を引用する。

> 措置法66条の４第３項は，法人が各事業年度において支出した寄附金の額のうち当該法人に係る国外関連者に対するものは，当該法人の各事業年度の所得の金額の計算上，損金の額に算入しない旨定める。そして，上記『寄附金の額』とは，旧法人税法37条６項（現行法の第７項に相当する……筆者注）に規定する寄附金の額をいうところ，同項は，『寄附金の額は，寄附金，拠出金，見舞金その他いずれの名義をもってするかを問わず，内国法人が金銭その他の資産又は経済的な利益の贈与又は無償の供与（中略）をした場合における当該金銭の額若しくは金銭以外の資産のその贈与の時における価額又は当該経済的な利益のその供与の時における価額によるものとする』旨を規定している。
>
> ここで，法人税法が一定金額を超える寄附金の額の損金不算入の制度を設けているのは，法人が支出した寄附金の全額を無条件で損金の額に算入するとすれば，国の財政収入の確保を阻害するばかりではなく，寄附金の出えんによる法人の負担が法人税の減収を通じて国に転嫁され，課税の公平上適当でないことから，これを是正することにあると解される。他方で，法人が支出する寄附金には，それが法人の収益を生み出すのに必要な費用としての側面を有するものもあり，当該支出が費用の性質を有するか，又は利益処分の性質を有するかを客観的に判定することは困難であるため，法人税法は，行政的便宜及び公平の維持の観点から，統一的な損金算入限度額を設け，寄附金のうちその限度額の範囲内の金額を費用として損金の額に算入することを認め，それを超える部分の金額を損金の額に算入しないことにしたものと解される。
>
> 以上のような一定金額を超える寄附金の額の損金不算入の制度の趣旨並びに旧法人税法第37条第６項及び第７項（現行法の第８項に相当する……筆者注）の規定の内容からすれば，旧法人税法第37条第６項に定める『寄附金』とは，民法上の贈与に限らず，経済的にみて贈与と同視し得る金銭その他の資産の譲渡又は経済的利益の供与をいうものと解するべきであり，ここにいう『経済的にみて贈与と同視し得る金銭その他の資産の譲渡又は経済的利益の供与』とは，金銭その他の資産又は経済的利益を対価なく他に移転する場合であって，その行為について通常の経済取引として是認することができる合理的理由が存在しないものを指すと解するのが相当である。

この引用から明らかなように，本東京地裁判決では本規定の寄附金の概念について，法人税法第37条の一般的な寄附金の概念と全く同様にとらえているといえる。

もっとも，本東京地裁判決事案の問題になっているものは，貸付金の債権放棄であり，上記1～3の説からしても本規定の対象とすべき寄附金に該当することにはなるが，判示の内容は一般的な寄附金の概念でとらえていることは明確である。

5 実務上の考え方

本規定について，平成13年6月1日「移転価格事務運営要領の制定について（事務運営指針）」（課法6－7ほか）の2－19（国外関連者に対する寄附金）は，次のように定めている。

> 調査において，次に掲げるような事実が認められた場合には，措置法第66条の4第3項の規定の適用があることに留意する。
> イ　法人が国外関連者に対して資産の販売，金銭の貸付け，役務の提供その他の取引（以下「資産の販売等」という。）を行い，かつ，当該資産の販売等に係る収益の計上を行っていない場合において，当該資産の販売等が金銭その他の資産又は経済的な利益の贈与又は無償の供与に該当するとき
> ロ　法人が国外関連者から資産の販売等に係る対価の支払を受ける場合において，当該法人が当該国外関連者から支払を受けるべき金額のうち当該国外関連者に実質的に資産の贈与又は経済的な利益の無償の供与をしたと認められる金額があるとき
> ハ　法人が国外関連者に資産の販売等に係る対価の支払を行う場合において，当該法人が当該国外関連者に支払う金額のうち当該国外関連者に金銭その他の資産又は経済的な利益の贈与又は無償の供与をしたと認められる金額があるとき
> （注）　以下省略

本事務運営指針の取扱いによれば，イは，収益の計上を行っていないというのであるから，完全な無償取引であるといえるが，ロ，ハは低額販売，高額購

入等のケースであり，基本的には，法人税法第37条第8項のケースも含めて考えていることは明らかである。

そうすると，上記4の東京地裁判決と同じように通常の寄附金の概念とほぼ同様に考えているようにうかがえる。

本事務運営指針では，他に企業グループ内における役務の提供の取扱いについて述べた2－9(5)で，「法人が国外関連者に対し支払うべき役務の提供に係る対価の額の適否の検討に際して，……当該役務の提供に係る実態等が確認できないときには，本規定の適用について検討する」としている。

また，価格調整金等がある場合について述べた同事務運営指針2－20では，価格調整金の支払等が合理的な理由に基づくものと認められない場合には，本規定の適用をする可能性を述べている。

いずれにしても事務運営指針の考え方は，単純な金銭の贈与や債務の免除に限定せず，広範囲に考えていることは明らかである。

Ⅲ　国外関連者に対する寄附金処理の具体例

本事務運営指針には「別冊移転価格税制の適用に当たっての参考事例集」（以下「事例集」という）があり，いくつかの事例を取り上げているが，その中に国外関連者に対する寄附金の事例（事例集問25）も収録されているので確認する。

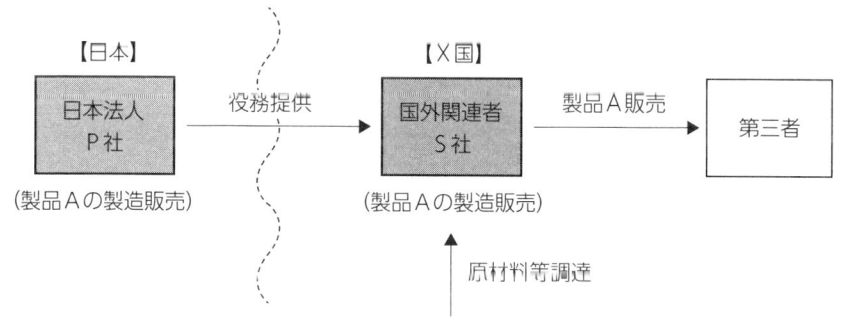

```
【日本】                          【X国】
┌─────────┐  役務提供  ┌─────────┐  製品A販売  ┌─────────┐
│ 日本法人 │ ………→    │ 国外関連者│ ─────→    │  第三者  │
│  P社    │           │   S社    │            │         │
└─────────┘           └─────────┘            └─────────┘
(製品Aの製造販売)      (製品Aの製造販売)
                           ↑
                      原材料等調達
```

「参考事例集」より

135

事例集問25では，上記図表の事例について，その設定条件により【事例1】，【事例2】に分けて概ね次のように説明している。

1 【事例1】の国外関連取引の概要等

　P社は，S社の製造工場完成後に製品A製造設備に係る保守・点検やS社従業員に対する教育訓練等の業務を行うため，P社社員をS社に派遣している（当該業務にP社の無形資産は使用されていない）。P社は，S社に対するこれらの業務に係る役務提供の対価を収受していない。

　S社の経営が安定するまでの間，S社の資金事情は厳しい状況にある。そこでP社とS社は，P社社員が行う業務に係る役務提供の対価を収受するための契約を取り交わしたが，P社はS社を財政的に支援する目的で，両社の合意により当該対価を収受しないこととした。なお，S社は，倒産に至る可能性があるような業績不振の状態にはない。

2 【事例1】の移転価格税制上の取扱い

　P社は，S社がX国で事業を遂行するために不可欠な業務について，P社社員の派遣による支援を行っており，S社に役務を提供していると認められ，P社はS社から役務提供の対価を収受していないことから，上記の事例は無償による役務の提供に該当する。P社はS社を財政的に支援するためにS社との間で役務提供の対価を収受しないことを取り決めていることから，この役務提供はS社に対する「経済的な利益の無償の供与」に該当するものと認められる。また，S社は倒産に至る可能性があるような業績不振に陥っていない等，P社がS社にこうした支援を行うことについて基本通達9－4－2（子会社等を再建する場合の無利息貸付け等）にいう相当な理由があるとは認められない。

　以上より，上記1事例における役務提供取引については，本規定（措法66の4③）の適用を受けることから移転価格税制に基づく課税の対象とはならない。

3 【事例2】の国外関連取引の概要等

　設定条件は，【事例1】とほとんど同じである。異なる点は，P社社員の派

遣に係るP社・S社間の取決めの内容等で,【事例1】では,役務提供の対価について無償とする契約を取り交わしたが,【事例2】では,P社は,S社に対してこれらの業務を行うことは子会社に対する親会社としての責務であるとして,役務提供取引に係る契約をS社と締結しなかったとされている。

4　【事例2】の移転価格税制上の取扱い

　P社は,S社がX国で事業を遂行するために不可欠な業務について,P社社員の派遣による支援を行っており,S社に役務を提供していると認められる。【事例2】は無償による役務の提供に該当するが,単にP社が役務提供の対価を収受していないことのみをもって,P社がS社に対して行う業務に有償性がないということはできず,【事例2】の設定条件からは,本業務の提供につき直ちにP社とS社との間で「経済的な利益の無償の供与」が行われたと認めることはできない。

　以上より,【事例2】における役務提供については,本規定の適用を受けない場合もあり,その場合には移転価格税制に基づく課税の対象として検討することとなる。

5　本規定適用と移転価格税制の適用関係について

　事例集では,法人が国外関連者との取引に係る収益を計上していない場合において,その取引につき「金銭その他の資産又は経済的な利益の贈与又は無償の供与」に該当する事実が認められるときには,法人が収益として計上すべき金額は国外関連者に対する寄附金となり,本規定の適用を受けることとなる（事務運営指針2－19イ）。

　一方,検討により,その取引につき「金銭その他の資産又は経済的な利益の贈与又は無償の供与」に該当する事実が認められない場合には,その取引は移転価格税制（措法66の4①,④）に基づく課税の対象として取り扱うこととなると説明している。

Ⅳ 本規定の適用関係のまとめ

　上記Ⅱ，Ⅲで見てきたように，本規定の適用関係はその立法趣旨や諸説をみると本規定の寄附金の概念・範囲は，低額販売のような有償取引でなく完全な無償取引や「単なる金銭の贈与や債務の免除など」に限定されている説がある一方，裁判例や実務の取扱いなどは，法人税法第37条第7項，第8項の寄附金と同じに考えているようにまとめることができる。

　しかし，実際に本規定の適用事例とされている裁判例の事案や事例集【事例1】は，「単なる金銭の贈与や債務の免除など」が取り上げられてるといえる。立法担当者による本規定の立法趣旨は，「関係会社に対する単なる金銭の贈与や債務の免除については一定の限度内で損金算入が認められるため，同じ所得の海外移転でありながら両者の課税上の取扱いにアンバランスが生ずるという問題があり……，この問題を是正するため，海外の関係会社に対する寄附金についてはその全額を損金に算入しない」としていることからすれば，取引の価格設定の問題である場合は，移転価格の問題として取り扱うべきであり，「単なる金銭の贈与や債務の免除」のように，そもそも価格自体が問題とされていないような取引について本規定を適用すると考えられる。ところが，本規定は，適用対象となる寄附金の額を法人税法第37条第7項の寄附金の額の意義規定を援用していることから，条文上は，低額販売，低額譲渡，低額役務提供一般まで本規定の適用が可能であるかのように読める問題点がある。しかし，平成3年に本規定が導入された経緯，寄附金の損金算入限度額の利用に伴う不合理さを是正する立法趣旨を考慮すれば，前提として移転価格税制で適用が可能なものは，まず移転価格税制を適用し，価格設定の問題とはいえないような寄附金の額についてのみ本規定を適用すべきものと考えられる。

　ところで，事務運営指針2－19の取扱いは，明らかにその適用範囲を低額販売等にも広げているが，この点は実務執行上の配慮が行われているのではないかと思われる。

　この点について，「この問題は，税当局サイドの問題というだけでなく，企業の方も，移転価格税制が適用されるとなると，……1年も2年も調査される

とか，更正の期間も6年遡及されうるといったことで，それなら寄附金で処理してもらった方が早く済む」というようなことが背景にあると考えられる[6]。

V 海外子会社への支援業務等と寄附金課税

1 簡易な移転価格調査

平成25年10月の東京国税局法人課税課「国際課税関係研修資料」によれば，調査における国際課税非違事項として処理した形態区分別では，全体の約60％が国外関連寄附に関するものであったとされている。ちなみにその次に多かった割合のものは移転価格税制である。何故にこれほど寄附関連が多いかというと「簡易な移転価格調査」といわれるものによる件数が多いための様である。

簡易な移転価格調査とは，主に(1)本来の業務に付随した役務提供取引に係るもの，(2)海外子会社に対する貸付金金利に係るものなどのようである。前者の本来の業務に付随した役務提供取引とは，海外子会社を設立し，製造ラインを立ち上げるにあたって，海外子会社からの支援要請を受けて日本の親会社から技術スタッフ等が派遣され，現地で技術指導や監督等の本来の業務に付随した役務提供をいう。これらの役務提供については，本来の業務に付随した役務提供を行っているものとして一定の対価を収受すべきものとして，寄附金課税が行われ，これをもって「簡易な移転価格調査」といわれているようである。

2 本社による支援業務と寄附金

簡易な移転価格調査の対象となる本来の業務に付随した役務提供取引とは，国内会社が海外子会社を設立し，製造ラインを立ち上げるにあたって，海外子会社からの支援要請を受けて国内親会社から技術スタッフ等が派遣され，現地で技術指導や監督等の本来の業務に付随した役務提供をいう。これらの役務提供については，国内親会社は，本来の業務に付随した役務提供を行っているも

---

6 中里実ほか編著「国際租税訴訟の最前線」有斐閣，249頁（小田島清治論文）

のとして一定の対価を収受すべきものとされることが多い。したがって，これらの支援業務について対価を収受しないとなると寄附金課税（又は移転価格税制）の適用が行われることになる。

これらの支援業務が海外子会社より役務提供の対価を収受することなく行われた場合には，寄附金課税の対象とするか移転価格税制の対象になるのかの問題があるが，この点については既にⅡで触れたとおりである。

① 寄附金課税との関係

国内親会社による海外子会社に対する無償による役務提供が行われた場合には，寄附金に該当するかどうかが問題になる。寄附金の課税要件は，無償による役務提供である（無償性の要件）とともに，対価なく他に役務提供することについて通常の経済取引として是認することのできる合理的な理由が存在するかどうか（合理性の要件）が問題になる。

この合理性要件に関するものとしては，法人税基本通達9－4－1，9－4－2などのケースが典型である。それ以外には，国内親会社の行う役務提供が，実は国内親会社のための業務であって，海外子会社にとって意味のない業務などの場合は，当然に寄附金には該当しない役務提供になる[7]。国内親会社の独自の業務であって，海外子会社に対する無償の役務提供に該当しないもの（その意味でそもそも支援業務とはいえないもの）かの判断基準については，移転価格税制の取扱いとして言及されているものがあるので，その判断基準について次に確認する。

② グループ会社間での役務提供と移転価格税制の適用

国内親会社が国外関連者に対して行う支援業務等が国外関連者に対する役務提供に該当するかどうかの判断基準は次による。すなわち，これらの支援業務が移転価格税制の対象となる役務提供なのか，専ら国内親会社のために行われる業務で海外子会社にとって意味のないものであるものかが，問題になる。その判断基準の概要は次のようになる。

その判断基準はかなり厳格であり，特に親会社からその業務の提供を受け

---

7 この点については，既に出向負担金の箇所（第2部5章4）で述べた。

なかった場合に国外関連者が自らこれと同じ業務を行う必要があるかどうかの判断が必要である。

これらの業務の内容，上記の判断内容，対価の有無等についての書類上の整備なども必要になる。

【一般的基準】

国外関連者にとって経済的又は商業的価値を有するものか否か。

【具体的基準】

(1) 国外関連者と同様の状況にある非関連者が他の非関連者からこれと同じ活動を受けた場合に対価を支払うか否か。

(2) 法人がその活動を行わなかったとした場合に国外関連者自らがこれと同じ活動を行う必要があると認められるか否か。

なお，次の活動は，国外関連者にとって経済的又は商業的価値を有するものではないと考えられる。

① 重複活動……重複する活動を行う場合における当該重複する活動

② 株主活動……株主としての地位を有する法人が，専ら自らのために行う株主としての法令上の権利の行使又は義務の履行に係る活動

企業グループ内における役務提供の取扱いに関する「移転価格事務運営要領（事務運営指針）」について，判断基準の参考として以下に掲載する。

＜事務運営指針・移転価格事務運営要領2　り＞

(1) 法人が国外関連者に対し，次に掲げるような経営・財務・業務・事務管理上の活動を行う場合において，当該活動が役務の提供に該当するかどうかは，当該活動が当該国外関連者にとって経済的又は商業的価値を有するものかどうかにより判断する。具体的には，当該国外関連者と同様の状況にある非関連者が他の非関連者からこれと同じ活動を受けた場合に対価を支払うかどうか，又は当該法人が当該活動を行わなかったとした場合に国外関連者自らがこれと同じ活動を行う必要があると認められるかどうかにより判断する。

イ　企画又は調整

ロ　予算の作成又は管理

ハ　会計，税務又は法務

ニ　債権の管理又は回収
　　ホ　情報通信システムの運用，保守又は管理
　　ヘ　キャッシュフロー又は支払能力の管理
　　ト　資金の運用又は調達
　　チ　利子率又は外国為替レートに係るリスク管理
　　リ　製造，購買，物流又はマーケティングに係る支援
　　ヌ　従業員の雇用，配置又は教育
　　ル　従業員の給与，保険等に関する事務
　　ヲ　広告宣伝（リに掲げるマーケティングに係る支援を除く。）
(2) 法人が，国外関連者の要請に応じて随時役務の提供を行い得るよう人員や設備等を利用可能な状態に定常的に維持している場合には，かかる状態を維持していること自体が役務の提供に該当することに留意する。
(3) 法人が国外関連者に対し行う(1)の活動が，役務の提供に該当するかどうかを検討するに当たり，次に掲げる活動は国外関連者にとって経済的又は商業的価値を有するものではないことに留意する。
　イ　法人が国外関連者に対し，非関連者が当該国外関連者に行う役務の提供又は当該国外関連者が自らのために行う(1)の活動と重複する活動を行う場合における当該重複する活動（ただし，その重複が一時的であると認められる場合，又は当該重複する活動が事業判断の誤りに係るリスクを減少させるために手続上重複して行われるチェック等であると認められる場合を除く。）
　ロ　国外関連者に対し株主としての地位を有する法人が，専ら自らのために行う株主としての法令上の権利の行使又は義務の履行に係る活動（「株主活動」という。）で，例えば次に掲げるもの
　　（イ）　親会社が実施する株主総会の開催や株式の発行など，親会社が遵守すべき法令に基づいて行う活動
　　（ロ）　親会社が金融商品取引法に基づく有価証券報告書等を作成するための活動
　　（注）　親会社が子会社等に対して行う特定の業務に係る企画，緊急時の管理，技術的助言，日々の経営に関する支援等は，株主としての地位を有する者が専ら株主として自らのために行うものとは認められないことから，株主活動には該当しない。

　　　　また，親会社が子会社等に対する投資の保全を目的として行う活動で，かつ，当該子会社等にとって経済的又は商業的価値を有するものは役務の提供に該当する。
(4)　(1)から(3)までの取扱いは，国外関連者が法人に対して行う活動について準用する。
(5)　法人が国外関連者に対し支払うべき役務の提供に係る対価の額の適否の検討に際して，当該法人に対し，当該国外関連者から受けた役務の内容等が記載された書類（帳簿その他の資料を含む。）の提示又は提出を求める。この場合において，当該役務の提供に係る実態等が確認できないときには，措置法第66条の4第3項等の規定の適用について検討することに留意する。

Ⅵ　その他

その他の移転価格税制と寄附金の問題について簡単に触れることにする。

1　寄附金処理と相互協議等

　本規定を適用して更正処分が行われた場合に移転価格税制（措法66の4①，④）と同じように移転価格税制に関する相互協議の対象とする申出ができるかが問題である。この点については，原則として相互協議の対象にならないとする説が通説である[8]。寄附金課税を直接に禁止する条項が租税条約の条項にはなく，「租税条約に適合しない課税」は行われておらず，特殊関連企業条項にも抵触しないと考えられている。
　したがって，本規定の適用を受けた場合は相互協議の申立てができないという点で国内法人は不利益を被ることになる。またそれ以外にも，移転価格税制に特有の手続規定（更正・決定の期間制限の特例の適用，相互協議を申し立てた場合の法人税，加算税の納税猶予，事前確認手続の採用など）の適用がないことになる。したがって，これらの適用がないことによる利益，不利益の問題は考慮する必

8　前掲注4・287頁

要がある。

　しかし，国内法人に本規定の適用が行われる場合で，国外関連者に対する金銭等の贈与や債権放棄などの場合は，実際問題としてわが国において，国内法人が相互申立を行う意味はない。また，国内法人が同意してあえて本規定の適用を受ける場合は，相互協議の申立を行うことはあり得ない。そうすると，実際問題として，本規定の適用を受けた場合で相互協議の申立てが受けられないことによる不利益を受けることが問題となる場合は，低額販売等の場合で，本来であれば移転価格税制の適用になるべきところ，国内法人の同意もなく本規定を適用した更正処分が行われた場合に限定されるのではないだろうか。

2　法人税法の時価と独立企業間価格

　理論的には法人税法第22条，第37条で問題となる法人税法の時価と独立企業間価格は異なる概念であると考えられる。法人税法は，時価の算定方法について特に具体的な計算方法等を定めていないが，移転価格税制は独立企業間価格の算定方法について基本三法をはじめ様々の算定方法を法定している。このことから，理論的には両者は異なるものとして種々の問題点が想定できなくはない。しかし，現実の実務問題としては，時価と独立企業間価格が異なり税務調整項目が生ずることになることは考え難いといえる。

第8章 連結納税と寄附金

連結納税と寄附金

連結納税制度における寄附金の損金不算入制度について確認する。平成22年度税制改正によるグループ法人税制の導入により，連結納税制度における寄附金税制も改正が行われた。改正前の連結納税における寄附金税制は、ある種二重課税のようになっており、連結納税の選択にあたってネックとなっていた理由の一つであった。平成22年度改正後の連結納税制度における寄附金税制について整理する。

Ⅰ 平成22年度税制改正前の制度と改正

1 平成22年度税制改正前の制度

平成22年度税制改正前においては，法人が支出した一般の寄附金の額のうち，資本基準及び所得基準を基にして計算した寄附金の損金算入限度額を超える部分の金額は，その内国法人の各事業年度の所得の金額の計算上，損金の額に算入しないこととされていた（法法37①，81の6①）。そして，連結法人については，連結法人が連結完全支配関係がある他の連結法人に対して支出した寄附金の額については，その寄附金の額の全額が，その連結法人の各事業年度の所得の金額又は各連結事業年度の連結所得の金額の計算上，損金の額に算入されないこととされていた（改正前法法37②，81の6②）。

また，連結親法人が連結子法人から各連結事業年度の連結所得に対する法人

145

税の負担額として支出すべき金額として計算される金額又は附帯税の負担額の全部又は一部を受け取らないこと及び連結子法人が連結親法人から各連結事業年度の連結所得に対する法人税の減少額として収入すべき金額として計算される金額又は附帯税の負担額の減少額の全部又は一部を受け取らないことは，経済的な利益の供与に該当するものとされていた（改正前法令78②，155の15②）。

なお，平成22年度改正前は寄附金の支出を受けた側は，支出側の損金算入の有無にかかわらず，受贈額を収益として益金の額に算入することとされていた（法法22②）。

改正前は以上のような取扱いから，連結完全支配関係間において，支出した法人側は全額損金不算入とされ，寄附金を受ける法人側は全額益金算入とされることから，一種の二重課税のような状態になっており，連結納税制度の採用が進まない原因の一つとされ，問題点として指摘されていたところであった。

2　平成22年度税制改正の内容

①　寄附金の損金不算入及び受贈益の益金不算入

平成22年度税制改正では，いわゆるグループ法人税制が導入されて，内国法人が各事業年度においてその内国法人との間に完全支配関係がある他の内国法人に対して支出した寄附金の額（法人税法第25条の2に規定する受贈益に対応するものに限る）は，その支出した内国法人の各事業年度の所得の金額の計算上，全額が損金の額に算入しないこととされた（法法37②，81の6②）。すなわち，改正前の連結法人間の寄附金の損金不算入制度が，連結納税を選択していない100％グループ法人間の寄附金にも拡張された。逆に，内国法人が各事業年度においてその内国法人との間に完全支配関係がある他の内国法人から受けた受贈益の額は，その受贈益の額を受けた内国法人の各事業年度の所得の金額の計算上，益金の額に算入しないことと改正され，連結納税制度の下においても同様の取扱いとなった（法法25の2）。従来の連結法人間の寄附金については，支出側で全額損金不算入とされる一方，受贈側で全額が益金算入とされており，既述のとおり，一種の二重課税又は内部取引について課税関係を生じさせているともいえるような状態であった。そこで平成

22年度税制改正では，グループ内部の取引については，所得移転を生じさせない観点から，このグループ内の寄附金についても，支出側で全額損金不算入，受入側で全額益金不算入とすることにより，トータルとして課税関係を生じさせないこととするものに改正された。

この改正により，連結納税制度における連結法人間での寄附金については，従来のような一種の二重課税又は内部取引への課税はなくなったといえる。

② 連結法人税の個別帰属額の精算

上記①の改正により，連結法人税及びその附帯税の負担額及び減少額については，これを授受しない場合に，税制上は寄附金課税を行う意味がなくなることから，これを受け取らないことを経済的な利益の供与とみなす改正前の規定（改正前法令78②，155の15②）が削除された。

しかし，連結法人税の個別帰属額という概念は他の制度で計算要素として引き続き使用されることから，連結法人税の個別帰属額の計算方法は従前どおり残され，「支出すべき金額」及び「収入すべき金額」が「帰せられる金額」という呼称に変更された（法法81の18①他）。なお，これにより，連結法人税の個別帰属額の授受を必ずしも行う必要がなくなったが，仮に授受を行った場合には，従来と同じように支出側では損金不算入とされ（法法38③④），受領側では益金不算入とされる（法法26④⑤）。

連結法人税の個別帰属額の計算例

法人／項目	個別所得金額等	連結法人税個別帰属額
連結親法人Ｐ社	1,600	374.4
連結子法人Ｓ１社	−400	−93.6
連結子法人Ｓ２社	−200	−46.8
合　　計	1,000	234

＊　税率は大法人で23.4％とする。

上記の計算例の場合であると，Ｐ社の法人税374.4のうち，Ｓ１社に93.6，Ｓ２社に46.8が各社に「帰せられる」金額（Ｐ社が各社に支出すべき金額）と

③　企業会計上の処理と取扱い

　企業会計上は，平成22年度税制改正を受けて連結法人税の個別帰属額の授受を行わない場合の取扱いをそのＱ17「表示及び開示」で次のように定めた（企業会計基準委員会実務対応報告第５号「連結納税制度を適用する場合の税効果会計に関する当面の取扱い（その１）」平成27年１月16日改正）[1]。

> ③　連結納税会社間で連結法人税の個別帰属額及び地方法人税の個別帰属額の授受を行わない場合の取扱い
>
> 　連結納税会社間で連結法人税の個別帰属額及び地方法人税の個別帰属額の授受を行わない場合は，連結法人税の個別帰属額及び地方法人税の個別帰属額に係る未収入金を計上する連結納税会社（連結納税親会社又は連結納税子会社）が，当該個別帰属額に係る未払金を計上する連結納税会社に対し，その支払を免除する決定を行い，相手方に意思表示を行ったときに，当該未収入金と当該未払金の消滅を認識するとともに，債務免除に係る損失は営業外費用又は特別損失として，債務免除に係る利益は営業外収益又は特別利益としてそれぞれの会社が計上する。
>
> 　なお，事業年度末に未収入金を計上すると見込まれる連結納税会社が，当該事業年度末日までに，未払金を計上すると見込まれる連結納税会社に対し，その支払を免除する決定を行い，相手方に意思表示を行ったときは，未収入金と未払金を計上した上で，当該未収入金と当該未払金の消滅を認識するとともに，債務免除に係る損失は営業外費用又は特別損失として，債務免除に係る利益は営業外収益又は特別利益としてそれぞれの会社が計上することとなる。

　すなわち，企業会計上は個別帰属額の授受がない場合でも，未収入金，未払金を相互に計上し，その授受を行わないことの決定を行い，相手側に意思表示したときに債務免除損失と債務免除益を計上するものとしている。このような会計処理を行った場合には，税務上は，法人による完全支配関係間の寄附金又は受贈益として損金不算入，益金不算入の適用を受けることになる。

---

[1]　平成27年改正は地方法人税の導入に伴うものである。

④　連結納税制度における寄附修正

　グループ法人税制においては，寄附修正事由が発生した場合には，その寄附修正事由が発生した子法人の株式を所有する完全支配関係を有する株主法人において株式簿価の修正が行われることとされている（法令9①七）。この制度の対象となる「子法人」とは，法人との間に完全支配関係がある法人であるが，連結完全支配関係がある法人は除かれている（法令9①七かっこ書き）。

　これは，連結法人間の寄附については，グループ法人税制の一段階限りの寄附修正に比較し，より厳格な多段階にわたる投資簿価修正の制度によって対応できるためである。

　投資簿価修正とは，連結法人が所有する他の連結法人の株式の譲渡等を行う場合には，その譲渡直前に，その所有する他の連結法人の株式の帳簿価額を増減修正する措置である（法令9①六，②，③，9の2①四，②，③）。この措置は，連結納税制度は連結所得金額（連結全体ベースでの所得金額）で課税を行うものであり，一旦課税された所得について，その他の連結法人の株式を譲渡する際に既に課税された所得金額について，再度，株式の譲渡益として課税されることを防止する趣旨の制度である。また，修正方法も寄附修正の場合は，寄附金の額や受贈益の額に基づいて計算するが，連結納税の簿価修正は連結納税加入期間中の利益積立金額の増減額に基づいて計算する相違がある。この投資簿価修正は，その他の連結法人の株式を譲渡する連結法人だけでなく，その他の連結法人の株式を所有する全ての連結法人において多段階に行われることから，完全支配関係間の寄附金の場合の寄附修正に比較して厳格に行われるものである。

　したがって，連結法人についてグループ法人税制の寄附修正の適用がある寄附金は，連結完全支配関係はないが完全支配関係がある法人，すなわち，連結除外法人や外国法人が介在する完全支配関係がある法人との間の寄附に限られる。連結除外法人とは，普通法人以外の法人，破産手続開始の決定を受けた法人，特定目的会社，投資法人，法人課税信託に係る受託法人個人を頂点とする完全支配関係にある法人等をいう（法法4の2）。

第２部　個別論点

連結納税における簿価修正

①→②の順に簿価修正を行う。

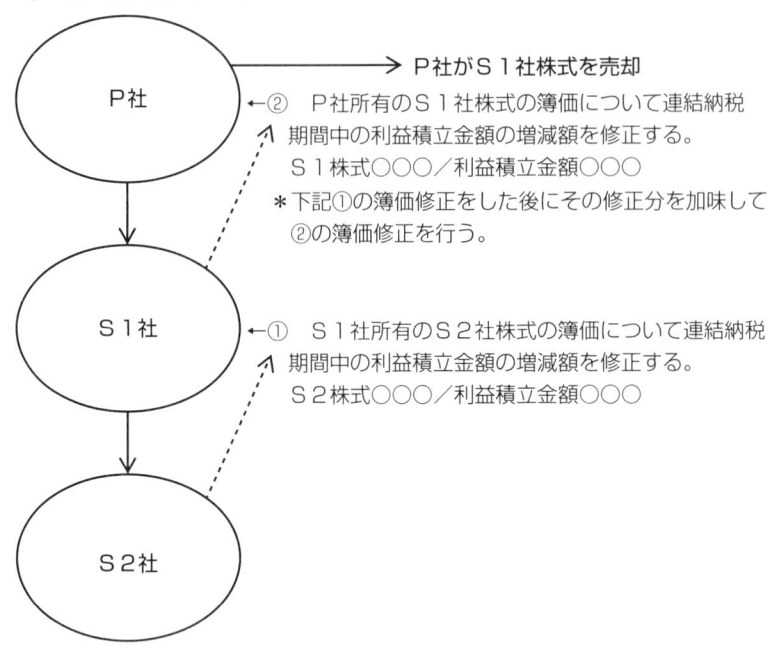

```
        P社 ─────────→ P社がS１社株式を売却
         │     ←② P社所有のS１社株式の簿価について連結納税
         │        期間中の利益積立金額の増減額を修正する。
         │        S１株式○○○／利益積立金額○○○
         │       ＊下記①の簿価修正をした後にその修正分を加味して
         ↓        ②の簿価修正を行う。
        S１社 ←① S１社所有のS２社株式の簿価について連結納税
         │        期間中の利益積立金額の増減額を修正する。
         │        S２株式○○○／利益積立金額○○○
         ↓
        S２社
```

連結法人で寄附修正が生ずる場合

下図のＡ社，特定目的会社については，連結法人との間で完全支配関係があるため寄附修正事由が生ずれば寄附修正の対象になる。

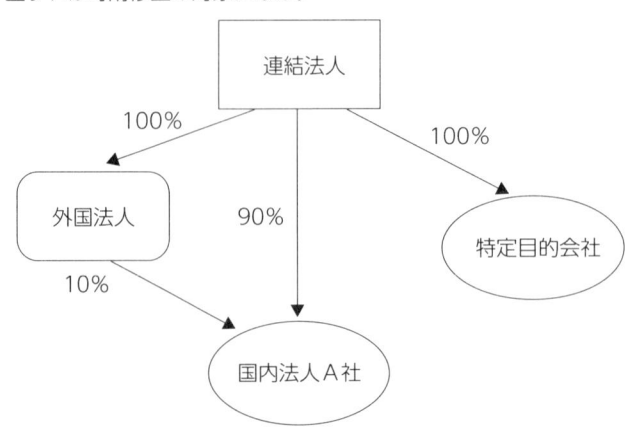

```
              連結法人
         100% /    |90%    \100%
             /     |        \
         外国法人   |         特定目的会社
            \10%   |
             \     ↓
              国内法人Ａ社
```

150

Ⅱ 連結納税制度における寄附金の額

1 寄附金の額の範囲

連結納税制度において連結法人が各連結事業年度に支出した寄附金の額（連結完全支配関係及び完全支配関係がある他の内国法人に対する寄附金を除く）については，一般の法人の場合に支出した寄附金の額と同様に寄附金の損金算入限度額計算が行われ，その損金算入限度額を超える部分の寄附金の額については損金の額に算入されない（法法81の6）。この場合の寄附金の額の意義については，一般の法人税法の寄附金の額の意義と同じである。すなわち，法人税法第81条の6第6項は，法人税法第37条第7項から第10項までの規定は，連結納税制度における寄附金の損金算入限度額の計算において準用することとしている。

したがって，法人税法第37条第7項に規定する寄附金の額の意義，及び低額譲渡等の場合の寄附金の額（法法37⑧）については連結納税においても全く同じである。

2 寄附金の額の種類

連結納税制度における寄附金の額の種類についても，原則として一般の法人税の場合と同様であり，次のように区分することができる（法法81の6①，③〜⑥）。

(1) 国・地方公共団体に対する寄附金，公益社団，財団等に対する寄附金のうち財務大臣が指定したものの額（法法81の6③）

(2) 公益の増進に著しく寄与する法人（以下「特定公益増進法人」という）に対する寄附金の額（法法81の6④）

(3) 一般の寄附金の額（上記(1)，(2)及び連結完全支配関係及び完全支配関係がある他の内国法人に対して支出した寄附金の額以外の寄附金の額）

第2部　個別論点

Ⅲ　連結納税制度における寄附金の損金算入限度額計算

　連結納税における各種類の寄附金の額の損金算入額又は損金算入限度額の計算は次のとおりである。

1　国等に対する寄附金
　連結法人が各連結事業年度に支出した国・地方公共団体・指定寄附金については，損金算入限度額計算の対象から除外してその全額が損金の額に算入される（法法81の6③）。

2　一般寄附金の損金算入限度額計算
　連結法人が支出する一般の寄附金の額の損金算入限度額は，次の算式で計算される（法法81の6①，法令155の13）。

$$\left\{\text{連結事業年度終了時の連結親法人の連結個別資本金等の額} \times \frac{2.5}{1,000} + \text{連結事業年度の連結所得金額} \times \frac{2.5}{100}\right\} \times \frac{1}{4}$$

　この損金算入限度額計算で留意すべきことは，資本基準額の計算対象とされる資本金等の額が，連結事業年度終了時の連結親法人の連結個別資本金等の額である点である。

　各連結法人の連結個別資本金等の額の合計額ではなく，連結親法人の連結個別資本金等の額である。

　所得基準の連結所得の金額は，次のような規定を適用しないで計算した連結所得の金額で連結法人がその連結事業年度に支出した寄附金の額を損金の額に算入しないで計算した連結所得の金額である（法令155の13②，③）。

(1)　連結法人税額から控除する所得税額の損金不算入
(2)　連結法人税額から控除する外国税額の損金不算入
(3)　繰越連結欠損金額の損金算入
(4)　会社更生等による債務免除等があった場合の欠損金の損金算入
(5)　合併及び分割による資産等の時価による譲渡
(6)　現物分配による資産の譲渡

(7) その他租税特別措置法の特別控除等

3　特定公益増進法人等に対する寄附金の損金算入限度額計算

　連結法人の寄附金の損金算入限度額計算の対象となる寄附金の額から除外され，損金の額に算入される特定公益増進法人に対する寄附金の額は次の算式で計算した金額までの特定公益増進法人に対する寄附金の額である（法法81の6④，法令155の13の2）。資本基準，所得基準の留意点は，上記2の場合と同様である。

$$\left\{ 連結事業年度終了時の連結親法人の連結個別資本金等の額 \times \frac{3.75}{1,000} + 連結事業年度の連結所得金額 \times \frac{6.25}{100} \right\} \times \frac{1}{2}$$

Ⅳ　寄附金の損金算入限度額の個別帰属額

　連結納税制度において，上記Ⅲの計算により，各連結事業年度の連結所得金額の計算上で生じた寄附金の損金不算入額を各連結法人の個別帰属額として計算し，各連結法人に配賦する計算を行う必要がある。地方税の計算や連結納税から連結法人が離脱等する場合の適正な計算を行うためには，絶えず各個別の連結法人の所得金額，利益積立金額等を明確にしておく必要があるからである。

1　寄附金の損金不算入額の個別帰属額

　連結所得金額の計算上の寄附金の損金不算入額については，次の(1)と(2)の合計額が各連結法人の寄附金の損金不算入額の帰属額になる（法令155の16一，二）。

(1) 各連結法人の一般寄附金・特定公益増進寄附金の損金不算入額相当額

$$連結所得の金額の計算上の寄附金の損金不算入額（法法86①適用の金額*） \times \frac{a}{A}$$

　＊　法人による連結完全支配関係及び完全支配関係がある場合の他の法人に支出した寄附金の額（全額損金不算入になるもの）を除いた金額である。

第2部　個別論点

　　A…次の算式で計算した金額（連結法人全体ベース）

　　　連結所得の金額の計算上 － 国等・指定 － 特定公益増進法人に対する寄
　　　の寄附金の額の合計額　　寄附金の額　附金の額のうち損金算入額

　　a…次の算式で計算した金額（各連結法人ベース）

　　　各連結法　　各連結法人　　特定公益増進法　　　その連結法人の特定
　　　人の寄附 － の国等・指 － 人に対する寄附 × 公益増進法人に対す
　　　金の額の　　定寄附金の　　金の額のうち損　　　る寄附金支出額
　　　合計額　　　額　　　　　　金算入額　　　　　各連結法人の全体の
　　　　　　　　　　　　　　　　　　　　　　　　　分子の金額の合計額

(2) 各連結法人が各連結事業年度において法人による，連結完全支配関係及び完全支配関係にある他の内国法人に支出した寄附金の額（全額損金不算入になるものの金額）

2　計　算　例

設例の前提資料は次のとおりである。

支出寄附金の内訳等

寄附金の区分	連結親法人P	連結子法人S1	連結子法人S2	合　　計
一般寄附金の額	4,000	2,000	1,000	7,000
国等・指定寄附金	500	200	0	700
特定公益増進法人寄附金	200	100	0	300
連結完全支配関係間寄附金額	1,000	500	500	2,000
支出寄附金合計	5,700	2,800	1,500	10,000

＊　一般寄附金の損金算入限度額（法法81の6①の額）　320
＊　特定公益増進法人寄附金については損金算入額300（損金算入限度額が支出金額を上回るものとする）とする。

154

① P社の個別帰属額

(1) 連結法人間の寄附金　1,000

(2) 一般寄附金・特定公益増進法人寄附金の額

① 連結所得の金額の計算上の寄附金の損金不算入額（法法86①適用の金額）

$7,000 - 320 = 6,680$

② 分母のAの額

$(10,000 - 2,000) - 700 - 300 = 7,000$

③ 分子のaの金額

$4,700 - 500 - 300 \times \dfrac{200}{300} = 4,000$

④ 個別帰属額

$① \times \dfrac{③}{②} = 3,817$

(3) 合計　(1)+(2)=4,817

② S1社の個別帰属額

(1) 連結法人間の寄附金　500

(2) 一般寄附金・特定公益増進法人寄附金の額

① 連結所得の金額の計算上の寄附金の損金不算入額（法法86①適用の金額）

$7,000 - 320 = 6,680$

② 分母のAの額

$(10,000 - 2,000) - 700 - 300 = 7,000$

③ 分子のaの金額

$2,300 - 200 - 300 \times \dfrac{100}{300} = 2,000$

④ 個別帰属額

$① \times \dfrac{③}{②} = 1,909$

(3) 合計　(1)+(2)=2,409

③　Ｓ２社の個別帰属額
　(1)　連結法人間の寄附金　500
　(2)　一般寄附金・特定公益増進法人寄附金の額
　　①　連結所得の金額の計算上の寄附金の損金不算入額（法法86①適用の金額）
　　　　7,000−320＝6,680
　　②　分母のＡの額
　　　　(10,000−2,000)−700−300＝7,000
　　③　分子のａの金額
　　　　$1,000 - 0 - 300 \times \dfrac{0}{300} = 1,000$
　　④　個別帰属額
　　　　$① \times \dfrac{③}{②} = 954$
　(3)　合計　(1)+(2)＝1,454
④　寄附金の損金不算入額の各法人の個別帰属額の合計額
　　①～③の合計　8,680

第9章 国等に対する寄附金・指定寄附金

　国等に対する寄附金，指定寄附金の額は，一般の寄附金からは除外されて，その全額が損金の額に算入される。これらの寄附金は，国等に帰属することから結果的には国等に税を納付するのと同じ効果をもたらし，国庫による寄付金の実質的負担化という弊害は生じないこと，及び国等に対する寄附を奨励する観点から全額損金算入とされている。国等に対する寄附金，指定寄附金について，その意義，範囲などについて確認する。

Ⅰ　国又は地方公共団体に対する寄附金・指定寄附金の全額損金算入

1　国又は地方公共団体に対する寄附金・指定寄附金の全額損金算入

　法人税法第37条（以下「本条」という）第1項は，一般の寄附金について損金算入限度額を超える部分の金額を損金の額に算入しないとしている。そして本条第3項は，次に掲げる寄附金の額があるときは，これらの寄附金の額の合計額は，一般の寄附金の額に算入せずに，その全額を損金の額に算入するとしている。

① 国又は地方公共団体（以下「国等」という）に対する寄附金の額
② 公益社団法人，公益財団法人その他公益を目的とする事業を行う法人又は団体に対する寄附金のうち，次に掲げる要件を満たすと認められるものとして財務大臣が指定したもの（以下「指定寄附金」という）の額

(1)　広く一般に募集されること
(2)　教育又は科学の振興，文化の向上，社会福祉への貢献その他公益の増進に寄与するための支出で緊急を要するものに充てられることが確実であること

　国等に対する寄附金，指定寄附金を損金の額に算入するにあたっては，確定申告書等に国等に対する寄附金，指定寄附金の額及び当該寄附金の明細を記載した書類の添付（別表十四(二)）がある場合に限り，適用があるとされており，この場合において，本条第1項に規定する一般の寄附金の額の合計額に算入されない金額は，その記載された金額を限度とするとされている（法法37⑨）。

　国等に対する寄附金の一定の明細書書類の添付要件については，平成23年12月の当初申告要件，「適用額の制限」に関する改正に留意する必要がある。

　改正前は確定申告書（期限後申告に係る申告書を含む）に明細書類を添付した場合に限り，適用があった（当初申告要件）。また，確定申告書に記載された金額を限度としてのみ適用があり，仮に修正申告，更正の請求で所得金額等や国等に対する寄附金の額等が変更になっても，修正申告等で増額変更等することができなかった（「適用額の制限」）。

この点について平成23年12月改正により，平成23年12月2日以後に提出期限を迎えるものについては，当初申告要件及び「適用額の制限」が廃止された。

　したがって，改正後は，当初申告で明細書類の添付がなかった場合でも，修正申告，更正の請求において明細書類を添付して申告すれば適用があることになった。また，「適用額の制限」についても，修正申告，更正の請求で正しい計算をした金額を明細書類に記載すれば，その金額に基づいて計算されることになった。この点については，指定寄附金についても同様であり，さらに後記する法人税法37条4項の特定公益増進法人に対する明細書類の添付等についても同様である。

2　全額損金算入の趣旨

　国等に対する寄附金，指定寄附金が，一般の寄附金と異なり，全額損金の額に算入される理由は，国等に対する寄附金は寄附金が税によって負担されると

いう弊害がない点や公益の増進に緊急に要する指定寄附金の奨励という政策的目的による。

> （国等に対する寄附金は，…筆者注）寄附金が課税権者である国又は地方公共団体に帰属するものであり，前記のような弊害がないところから認められたものということができる。……（指定寄附金…筆者注）については，特に公益性，緊急性が高いものとして教育，社会福祉，文化財保存等の事業が指定されるのであるから，寄附金の支出によって失われる租税が，究極においては，公益的目的に支出されたのと同様の結果となるので，政策的に公益度の高い事業を推進するため，これらの事業に対する寄附金の全額を損金に算入することが認められたものと解される。

（名古屋地判平成4月11月27日，判タ822号205頁，Z193 7028）

3　申告書記載要件等

既に述べたように，国等に対する寄附金の適用を受けるには申告書に明細書類（別表十四（二））の添付及び記載が必要である。国等に対する寄附金の明細書類への記載は，具体的には下図の「指定寄附金等に関する明細」に記載することになる。国等に対する寄附金については当然のことながら，「告示番号」の欄に記載する必要はない。損金算入される金額はこの明細に記載した金額が限度となる。

別表十四（二）　一部抜粋

指定寄附金等に関する明細				
寄附した日	寄附先	告示番号	寄附金の使途	寄附金額 41 円
計				

Ⅱ　国等に対する寄附金の意義と範囲

1　国等に対する寄附金の意義

国又は地方公共団体に対する寄附金は，国又は地方公共団体に採納されるも

159

のをいうが，国立又は公立の学校等の施設の建設又は拡張等の目的をもって設立された後援会等に対する寄附金であっても，その目的である施設が完成後遅滞なく国等に帰属することが明らかなものは，これに該当するとされている（法基通9－4－3）。

なお，後援会等の団体が寄附金を徴収する場合は，最終的に国等に帰属するかどうかについては，寄附金を徴収する窓口としての団体があらかじめ所轄の国税局に照会し，事前に確認を受ける制度がある（国税庁，平成14年2月25日「国等に対する寄附金又は災害義援金等に関する確認事務について（事務運営指針）」）。

また，国等に採納する手続を経て支出された寄附金であっても，その寄附金が特定の団体に交付されることが明らかであるなど最終的に国等に帰属しないと認められるものは，国等に対する寄附金には該当しない（法基通9－4－4）。いわゆる国等を経由した「トンネル寄附金」は，その実質を考慮して国等に対する寄附金に該当しない。

国等には，日本中央競馬会等のように全額政府出資により設立された法人又は日本下水道事業団等のように地方公共団体の全額出資により設立された法人は含まれないものとされている（法基通9－4－5）。

本条第3項第1号かっこ書きによると地方公共団体には港湾法の規定による港務局を含むとされている。港務局とは地方公共団体が港湾の管理のために設置する公の財団法人である。同様に地方自治法の規定による特別区，財産区，地方公共団体の組合及び地方開発事業団も地方公共団体に含まれる。

なお，県立病院等には地方公共団体に属するものなのか間違えやすいものもあるので，寄附，寄贈等をする場合は注意する必要がある。地方公営企業法に基づき設立された県立病院は，県という地方公共団体が設置したものでこれに対する寄附金は，地方公共団体である県に対する寄附金に該当するものが多いと考えられる（国税庁HP・文書回答事例（法人税）平24.12.21参照）。一方，地方独立行政法人である〇〇県立病院機構は特定公益増進法人に該当するので，個別に指定寄附金の指定を受けない限り，特定公益増進法人に対する寄附金に該当することになる。

2 繰延資産になるものの除外

① 国等に対する寄附金のうち繰延資産に該当するもの

　法人税法37条3項は，国等に対する寄附金から「その寄附をした者がその寄附によって設けられた設備を専属的に利用することその他特別の利益がその寄附をした者に及ぶと認められるものを除く。」としている。寄附した者が専属的に利用するものには，法人税法施行令第14条第1項第6号イで定める繰延資産，すなわち「自己が便益を受ける公共的施設又は共同的施設の設置又は改良のために支出する費用」が該当するが，具体的には次のような費用負担や負担金の実質をもつものは，たとえ国等に対する寄附金の名義で支出されたものでも繰延資産となり，一定期間で償却することになる（法基通8－1－3）。

(1) 法人が自己の必要に基づいて行う道路，堤防，護岸，その他の施設又は工作物等の「公共的施設」の設置又は改良のために要する費用

(2) 自己の利用する公共的施設につきその設置等を国等が行う場合におけるその設置等に要する費用の一部の負担金

(3) 法人が自己の有する道路その他の施設又は工作物を国等に提供した場合における当該施設又は工作物の価額に相当する金額

(4) 法人が国等の行う公共的施設の設置等により著しく利益を受ける場合におけるその設置等に要する費用の一部の負担金（土地所有者又は借地権を有する法人が土地の価格の上昇に基因して納付するものを除く）

② 繰延資産該当性が争われた事案

　国等に対する寄附金か繰延資産かが争われた事案に，工場を建設した会社が，建設にかかる開発行為の許可を受ける際に支出した用水路整備費用を国等に対する寄附金として損金に算入して法人税の確定申告をしたのに対し，同費用の支出が法人が便益を受けるもので繰延資産に該当するとした裁判例がある。

　法人税法上の寄附金とは，その名義のいかんを問わず，金銭その他の資産又は経済的な利益の贈与又は無償の供与のことであり（同法第37条第6項…筆者注，

平成18年改正前のもの。以下この引用において同じ），無償を要件とするものであるから，対価又はそれに相当する金銭等の流入を伴わないものを意味していると解すべきである。そうすると，本件用水路整備費用は，…（略）…被控訴人に便益をもたらすものであるから，対価性があり，寄附金には該当しないというべきである。なお，法人税法は，行政的便宜及び公平の維持の観点から，統一的な損金算入限度額を設け，寄附金のうちその範囲内の金銭は費用として損金算入を認め，これを超える部分の金額は損金に算入しないこととし（第37条第2項），例外として，公益に役立つような寄附を奨励するための措置の1つとして，国又は地方公共団体に対する寄附金の場合，寄附をした者がその寄附によって設けられた設備を専属的に利用することその他特別の利益がその寄附をした者に及ぶと認められる場合を除いて，それが費用としての性質を持つかどうかとは関係なしに，その全額が損金に算入されるとする（第37条第3項第1号）。そして，寄附をした者がその寄附によって設けられた設備を専属的に利用することその他特別の利益がその寄附をした者に及ぶと認められる場合が除外されているのは，それが形式上は寄附金であっても，対価性があることから，実質的には寄附金といえないため，全額損金算入としては扱わないことにしたものである。したがって，上記規定は繰延資産の範囲を定めるものではないし，また，その解釈によって繰延資産の範囲を画定することもできないというべきである。

(福岡高判平成19年2月19日，税資257号順号10852)

3　固定資産の取得に関連して支出する国等に対する寄附金

　法人が都道府県等の地方公共団体からその工場誘致等により土地その他の固定資産を取得し，購入の代価のほかに，その取得に関連して都道府県等に寄附金又は負担金の名義で金銭を支出した場合においても，その支出した金額が実質的にみてその資産の代価を構成すべきものと認められるときは，その支出金額は寄附金ではなくその資産の取得価額に算入するものとしている（法基通7－3－3）。

　この通達のポイントは，「その支出した金額が実質的にみてその資産の代価を構成すべきものと認められるときは」とされていることにある。したがって，そもそもの土地の購入価額が寄附金を支出することを条件として著しく低い価

額になっていた等の事実があることが必要である。仮に国等に対する寄附金が，土地取得の条件であるかのようになっていたとしても，そのことにより，土地の価額が低額になっておらず，時価相当額であるなどの場合は，「実質的にみてその資産の代価を構成すべきもの」とは認められないことになる。

この点について土地の取得価額に算入すべきものではなく，国等に対する寄附金に該当するとした裁決例がある。

> 原処分庁は，請求人は本件寄附金を支出しない限り本件土地を取得できなかったのであり，本件寄附金の支出と本件土地の取得は一体不可分のものと認められるから，本件寄附金は何ら反対給付を求めない寄附金として支出されたものとは言えず，外形上は指定寄附金に該当するとしても，本件土地の購入のために要した費用となる旨主張する。しかしながら，指定寄附金が固定資産の代価を構成するか否かについては，その支出した金額が，寄附金を支出することが条件とされているため著しく低い価額で固定資産を購入できた等，実質的にみてその資産の代価を構成しているか否かによって判断すべきであるところ，原処分庁は，本件土地の売買において本件寄附金が条件であったことを主張するのみで，客観的に見て妥当な金額で売買された本件土地について，本件寄附金が実質的にみて本件土地の代価を構成しているとする根拠を示していない。確かに，一般に土地の売買においては，買主にとって土地取得の必要性が高ければ高いほど，通常の取引金額よりも高額な取引金額になることもみられるところであるが，そのことのみをもって，本件売買契約における本件土地の売買価額が著しく低額であり，この価額に本件寄附金の額を加えた金額が実質的な売買価額であると評価することはできない。したがって，原処分庁の主張には理由がない。

（平成22年3月5日裁決，TAINS・F0－2－366）

なお，同様な趣旨の判示をした裁判例に，古いものであるが昭和44年4月15日広島地裁判決（税資56号570頁）がある。

4 宅地開発等に際して支出する開発負担金等
① 宅地開発等に伴う開発負担金の取扱い

法人が固定資産として使用する土地，建物等の造成又は建築等，いわゆる

「宅地開発等」の許可を受けるために地方公共団体に対してその宅地開発等に関連して行われる公共的施設等の設置又は改良の費用に充てるものとして支出する負担金等の額については，その負担金等の性質に応じて取り扱うものとされているが，例えば団地内の道路，公園又は緑地，公道との取付道路，雨水調整池等のように直接土地の効用を形成すると認められる施設に係る負担金等の額は，その土地の取得価額に算入する（法基通7－3－11の2）。なお，負担金に代えて土地又は施設そのものを提供する場合はこの取扱いに含まれ，純然たる寄附金の性質を有する場合はこの取扱いから除かれる。

② **開発土地の取得価額になるとされた事例**

宅地開発行為に伴う土地の市に対する無償提供はこの取扱いに該当し，開発土地の取得価額を構成するとした裁決例がある。

> 宅地開発行為に伴う土地の市に対する無償提供は，法人税法37条3項1号に規定する地方公共団体に対する寄付金に該当すると主張するが，宅地開発行為の許可の申請をするに当たり，公共施設の管理者である市に対して，市道に接する部分の本件土地を，公共道路用地として無償提供し，市道の拡幅工事を行ったのは，都市計画法上の開発行為の規制により，土地部分に道路を設置する必要があったことによるものであり，そこに設置される道路の効用は，開発土地に吸収され，その宅地としての効用を形成するものと認められるから，その道路の無償提供は名目的なものにすぎず，それにより損失を受けていないというべきであって，土地の無償提供は，地方公共団体に対する寄付金には該当せず，土地の取得価額は，開発土地の取得価額を構成するものと認めるのが相当である。

(昭和60年10月31日裁決，TAINS・J30－2－06)

上記の様な取扱いを踏まえて，全く同じ趣旨で，法人が専らその有する土地の利用のために設置されている私道を地方公共団体に寄附した場合には，その私道の帳簿価額をその土地の帳簿価額に振り替えるものとし，その寄附をしたことによる損失はないものとするとの取扱いがある（法基通7－3－11の5）。

5 国等に対する寄附金で個人の負担すべき寄附金

　法人が損金として支出した寄附金で，その法人の役員等が個人として負担すべきものと認められるものは，その負担すべき者に対する給与とするとされている（法基通9－4－2の2）。この取扱いが問題になるのは，一般の寄附金の場合に限らず，国等に対する寄附金の場合においても問題になることが少なからずある。古い裁判例，裁決例に次のようなものがある（第2部第5章参照）。

> 　法人が代表者出身地の市に市立保育園の建築資金等として行った寄附は，①寄附の要請の経緯，寄附の動機（個人的な縁故関係に基づき，個人の郷土愛に訴えたもの），②寄附の受入手続き（寄附採納願の名義，電信当座による送金名義，市役所の領収書の名義がいずれも個人），③寄附後の表彰等（個人の姓を冠した保育園の名称，市の感謝状，国の紺綬褒章の授与者は個人）の事実を総合すれば，寄附金が会社の経理から支出されたとしても寄付行為そのものの主体は個人である。

(最判昭43年6月25日，税資53号162頁)

　同様にやはり個人がした支出であると事実認定した裁決例がある。先代代表者の郷里の小学校における二ノ宮尊徳の銅像再建資金を法人が寄附した事例についてのものであるが，裁決例では，「およそ法人はその性質からいって純経済人として合理的経済活動に終始すべきであるから，法人の行為はすべて法人の事業遂行のために行わなければならない」とした上で，たとえ法人が支出した寄附金であっても実質的には，その会社の役員の個人的地位に基づくもので，その個人の負担すべきものと認められるものについては，これを会社の損金とすべきでなく，また，その経理を形式的には会社の支出としていても，この金額は代表者に対する賞与とすべきであるとしている（東京審裁決昭和46年5月21日，審判所例集7383）。

6　協賛金と広告宣伝費

　検討の地方公共団体と各種団体等で行われる「国体」，「高校総体（インターハイ）」，「国際会議」，「フェスティバル等のイベント」の開催にあたっては，

協賛企業より協賛金を受ける場合が多い。このような場合において，協賛企業が支出する協賛金が寄付金に該当するかどうかが問題になるが，協賛金を支出する協賛企業については，あらかじめ定められた規則に基づいてパンフレット等に企業名等を掲載するなど一定の広告宣伝行為ができるようになっている。したがって，開催期間に応じた広告宣伝費として処理されることになる。

7　資産を帳簿価額により寄附した場合の申告書記載要件

　法人が金銭以外の資産をもって寄附金を支出した場合には，その寄附金の額は支出の時における当該資産の価額によって計算するのであるが，法人が金銭以外の資産をもって支出した本条3項の国等に対する寄附金，指定寄附金につき，その支出した金額を帳簿価額により計算し，かつ，確定申告書に記載した場合には，法人の計上した寄附金の額が当該資産の価額より低いため，支出した寄附金の一部につき確定申告書に記載がないことになることが考えられる。このような場合に，形式的には，確定申告書に記載がないことになり，国等に対する寄附金，指定寄附金の取扱いができないことになるのかという疑問が生ずるが，これについては，その場合でも国等に対する寄附金，指定寄附金の適用をすることができるとされている（法基通9−4−8）。

　この処理の具体例としては，民間法人が地方公共団体に対して行う中古資産であるパソコンの寄贈の例がある。地方公共団体によっては，地域事業の一環としてパソコンの貸出しを行っているが，この事業のために民間法人が自社の中古パソコンを地方公共団体に寄贈することがある。この場合は法人税法第37条第3項第1号の国等に対する寄附金に該当し，その寄贈した法人は，寄贈パソコンの帳簿価額によって寄附金の額を計算してもよいことになる。その場合に，法人の寄附した当該パソコンが，採納証明書に記載された型式等により特定できることを前提として，その寄附金の額を帳簿価額により計算し，かつ，確定申告書の明細書類に記載することになる。

Ⅲ 指定寄附金の意義と範囲

1 指定寄附金の意義

指定寄附金とは，公益社団法人，公益財団法人その他公益を目的とする事業を行う法人又は団体（以下「公益社団・財団法人等」という）に対する寄附金のうち，次に掲げる要件を満たすと認められるものとして財務大臣が指定したものをいう。

(1) 広く一般に募集されること
(2) 教育又は科学の振興，文化の向上，社会福祉への貢献その他公益の増進に寄与するための支出で緊急を要するものに充てられることが確実であること

指定寄附金には，公益社団・財団法人等の設立のためにされる寄附金その他の当該法人の設立前においてされる寄附金で法人の設立に関する許可又は認可があることが確実であると認められる場合においてされるものも含まれる（法法37③二かっこ書き，法令75）。

なお，特定公益増進法人に対する寄附金（法法37④）の場合は，上記指定寄附金の取扱いと異なり，特定公益増進法人の設立前においてされる寄附金は特定公益増進法人に対する寄附金に含まれない。

2 指定寄附金の審査事項

財務大臣は，指定寄附金の指定をしたときは，これを告示するものとされている（法法37⑪）。財務大臣の指定に際して，審査される事項は次の項目である（法令76）。

(1) 寄附金を募集しようとする法人又は団体の行う事業の内容及び寄附金の使途
(2) 寄附金の募集の目的及び目標額並びにその募集の区域及び対象
(3) 寄附金の募集期間
(4) 募集した寄附金の管理の方法

(5) 寄附金の募集に要する経費
(6) その他当該指定のために必要な事項

3 指定寄附金の具体例

指定寄附金は，包括的に指定されているものと個別的に指定されているものからなる。

① 包括指定の指定寄附金

次のものは財務大臣の職権により，あらかじめ包括指定されている（昭和40年大蔵省告示第154号，平成20年11月28日改正，財務省告示第345号）。なお，財務省告示第345号の改正は，「寄付金」を「寄附金」に変更するとともに，公益法人制度改革に伴う公益社団法人，公益財団法人への適用法人の改正を定めたものである。

(1) 学校教育関係（告示第154第1号〜2号の3）

① 国立大学法人，大学共同利用機関法人，国立高等専門学校機構，公立大学法人の業務に充てられる寄附金（第1号）

各国立大学，国立工業高等専門学校，都立，県立，市立大学に対する寄附金をいう。

② 学校の校舎その他附属設備の災害復旧のための寄附金（第1号の2）

③ 学校の敷地，校舎その他附属設備に充てる寄附金（第2号）

学校法人が寄附金の募集につき財務大臣の承認を受けたもので，承認を受けた日から1年を超えない範囲内で財務大臣が定めた期間内に支出されたものをいう。

④ 日本私立学校振興・共済事業団への寄附金（第2号の2）

日本私立学校振興・共済事業団への寄附金のうち受配者指定寄附金といわれるもので，所定の手続に基づいて，私立学校振興・共済事業団を窓口にして寄附されたものが，各私立大学等に配分されるものである。手続的には各学校が取りまとめて事業団に寄附するパターンと寄附者が直接に事業団に寄附するパターンがある。

⑤ 独立行政法人日本学生支援機構に対する寄附金（第2号の3）

(2) 試験教育関係（第3号）

　特別の法律により設立された法人又は公益社団法人若しくは公益財団法人で国民経済上重要と認められる科学技術に関する試験研究を主たる目的とするもののその試験研究の用に直接供する固定資産の取得のためにその研究法人に対してされる寄附金をいう。研究法人がその寄附金の募集につき財務大臣の承認を受けた日から1年を超えない範囲内で財務大臣が定めた期間内に支出されたものをいう。

(3) 共同募金関係

① 　各都道府県共同募金会に対して都道府県区域内で社会福祉を目的とする事業者に配分される厚生労働大臣が定める期間内（通常10月1日～12月31日）に支出された寄附金で，当該各都道府県共同募金会が当該寄附金の募集につき財務大臣の承認を受けたもの（「赤い羽根の募金」第4号）

② 　社会福祉事業又は更生保護事業の用に供される土地，建物及び機械その他の設備の取得若しくは改良の費用，これらの事業に係る経常的経費又は社会福祉事業に係る民間奉仕活動に必要な基金に充てるために中央共同募金会又は各都道府県共同募金会に対して支出された寄附金（第4号の2）。こちらは上記第4号と異なり期間制限はない。

(4) 日本赤十字社関係（第5号）

　日本赤十字社に対して毎年4月1日から9月30日までの間に支出された寄附金で，日本赤十字社がその寄附金の募集につき財務大臣の承認を受けたものをいう。

② 　個別指定の指定寄附金

　財務大臣が個別に指定するもので文化財の修理などのために行われるものが典型である。個別に指定するもので，対象期間が通常1年以内であるが，延長が認められる場合もある。

　文化財の修理などにかかる指定寄附金とは，文化庁経由で，例えば宗教法人が所有する国宝，重要文化財の修繕のために特に寄附を求める場合などで，所定の手続により，指定寄附金の指定を受けたものである。

③　東日本大震災に係る指定寄附金

　財務省告示第84号により東日本大震災にかかる指定寄附金とされるものは，第１号～第７号まである。これらの指定寄附金は，東日本大震災に係る復興支援事業等に係るものでいずれも対象期間が限定されており，早いものでは平成23年12月31日までの期限のものがあり，多くのものは平成25年12月31日までのものとなっているので注意する必要がある。

第10章 特定公益増進法人等に対する寄附金・みなし寄附金

特定公益増進法人に対する寄附金の額は，一般の寄附金とは別枠で特別損金算入限度額の計算が行われる。また，公益法人等については，収益事業に属する資産を収益事業以外の事業のために支出した金額については，みなし寄附金の取扱いがある。これらの制度について，その意義，範囲，限度額計算及びその特例計算などを確認する。

Ⅰ　特定公益増進法人に対する寄附金の特別損金算入限度額計算

1　特定公益増進法人に対する寄附金の特別損金算入限度額

　法人税法第37条（以下「本条」という）第1項は，一般の寄附金について損金算入限度額を超える部分の金額を損金の額に算入しないとしている。その取扱いを前提として，本条第4項は，次に掲げるような特定公益増進法人に対する寄附金の額がある場合には，特定公益増進法人に対する寄附金の合計額については，一般の寄附金の額に算入しないと規定している。なお，特定公益増進法人に対する寄附金の合計額が特定公益増進法人に対する寄附金の特別損金算入限度額を超える場合は，その特別損金算入限度額までの金額は一般の寄附金の額に算入されないが，当該特別損金算入限度額を超える部分の金額については一般の寄附金の額とされる。

特定公益増進法人に対する寄附金と一般寄附金の関係

(1) 特定公益増進法人に対する寄附金の合計額の全額が損金の額に算入される場合

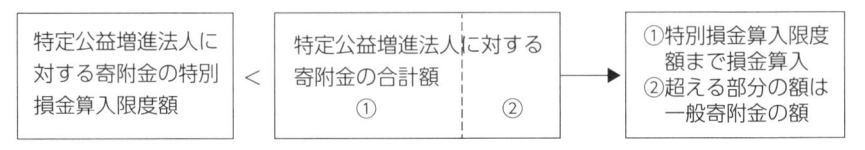

| 特定公益増進法人に対する寄附金の特別損金算入限度額 | ≧ | 特定公益増進法人に対する寄附金の合計額 | → | 全額損金算入 |

(2) 特定公益増進法人に対する寄附金の合計額のうち特別損金算入限度額までが損金の額に算入され，超える部分の額は一般寄附金の額になる場合

| 特定公益増進法人に対する寄附金の特別損金算入限度額 | ＜ | 特定公益増進法人に対する寄附金の合計額 ①｜② | → | ①特別損金算入限度額まで損金算入 ②超える部分の額は一般寄附金の額 |

2　特定公益増進法人に対する寄附金の特別損金算入限度額の計算

　特定公益増進法人に対する寄附金の特別損金算入限度額は次の算式により計算される（法令77の2）。

【① 普通法人，協同組合等，人格のない社団等】

$$\left\{ \begin{matrix} 事業年度終了時 \\ の資本金等の額 \end{matrix} \times \frac{3.75}{1,000} + \begin{matrix} その事業年度 \\ の所得金額 \end{matrix} \times \frac{6.25}{100} \right\} \times \frac{1}{4}$$

【② 上記の普通法人等のうち資本又は出資を有しないもの】

$$その事業年度の所得の金額 \times \frac{6.25}{100}$$

3　明細書の添付，書類の保存

　特定公益増進法人に対する寄附金の特別損金算入限度額の計算の規定の適用にあたっては，確定申告書等に特定公益増進法人に対する寄附金の額及びその寄附金の明細を記載した書類（別表十四(二)）の添付があり，かつ，その法人の主たる目的である業務に関連する寄附金である旨等をその法人が証した書類を保存している場合に限り，適用される（法法37⑨）。なお，税務署長は，上記の書類の保存がない場合（別表の添付は必須）においても，その書類の保存がなかったことについてやむを得ない事情があると認めるときは，その書類の保

存がなかった金額につき特定公益増進法人に対する寄附金の特別損金算入限度額の規定を適用することができる（法法37⑩）。

4 公益法人等が支出した寄附金の額への不適用

特定公益増進法人に対する寄附金に係る特別損金算入限度額の計算は，公益法人等（一般社団法人，一般財団法人等を除く）が支出した金額については適用がないものとされている（法法37④ただし書き）。この取扱いは，公益法人等については，一般寄附金の損金算入限度額が普通法人，協同組合等と異なり，次のように別途に手当てされていることを考慮したものと考えられる（法令73①三）。

【① 公益社団法人，公益財団法人】

その事業年度の所得の金額 $\times \dfrac{50}{100}$

（公益社団法人等の損金算入限度額の特例計算額がこの金額を超える場合は当該特例計算額（「公益法人特別限度額」）とする）

【② 学校法人等，社会福祉法人等】

その事業年度の所得の金額 $\times \dfrac{50}{100}$

（この金額が年200万円に満たない場合には，年200万円）

【③ 上記①，②以外の公益法人等】

その事業年度の所得の金額 $\times \dfrac{20}{100}$

Ⅱ 特定公益増進法人に対する寄附金の意義等と範囲

1 特定公益増進法人に対する寄附金の取扱いの趣旨

特定公益増進法人に対する寄附金について，一般の寄附金から除外し，一般の寄附金とは別枠で特別損金算入限度額の計算を行っている。この趣旨は特定公益増進法人の主たる目的である業務の公益性が高いことを考慮し，かかる寄附金を政策的に奨励する趣旨によるものと考えられる。

> **裁判例** 特定公益増進法人に対する寄附金の特別損金算入限度額の趣旨
> （名古屋地判平成4年11月27日，判タ822号205頁，Z193-7028）
>
> （寄附金に対する……筆者注）損金算入の制限の例外として，……（略）……，ウ　公共法人，公益法人等その他特別の法律により設立された法人のうち，教育又は科学の振興，文化の向上，社会福祉への貢献その他公益の増進に寄与するものとして政令で定めるもの（特定公益増進法人）に対する当該法人の主たる目的である業務に関連する寄附金（略）が定められている。……（略）……，また，ウについても，特定公益増進法人の業務目的の公益性が高いものとして，一定の範囲内で損金算入の特例が設けられたものと解することができる。そして，前記のような趣旨で寄附金の損金算入が認められていることからすれば，……，また，ウについて政令で定める法人に限定していることは，損金算入の制限の例外が認められる範囲を明確にする必要上合理的な規定であるというべきであり，これを満たさない限り，寄附金の損金算入の制限の例外の規定の適用を受けることができない。

2　特定公益増進法人に対する寄附金の意義

特定公益増進法人に対する寄附金とは，①特定公益増進法人に対する寄附金で，②その特定公益増進法人の主たる目的である業務に関連する寄附金をいう（法法37④）。

①　特定公益増進法人とは

特定公益増進法人とは，公益法人等（一般社団法人，一般財団法人を除く）のうち，教育又は科学の振興，文化の向上，社会福祉への貢献その他公益の増進に著しく寄与するもので次の法人をいう（法令77）[1]。

(1)　独立行政法人

(2)　地方独立行政法人のうち，一定の業務を主たる目的とするもの

---

[1]　従前一定の法人が特定公益増進法人とされていた旧民法34条法人については，公益法人制度改革により，公益社団・財団法人又は一般社団・財団法人へのいずれかに移行等をすることとされ，平成25年11月30日をもってその移行期間が満了した。

(3) 自動車安全運転センター，日本司法支援センター，日本私立学校振興・共済事業団及び日本赤十字社
(4) 公益社団法人及び公益財団法人
(5) 私立学校法第3条に規定する学校法人で学校の設置若しくは学校及び専修学校若しくは各種学校の設置を主たる目的とするもの又は私立学校法第64条第4項の規定により設立された法人で専修学校若しくは各種学校の設置を主たる目的とするもの
(6) 社会福祉法人
(7) 更生保護法人

② 独立行政法人，地方独立行政法人とは

(1) 独立行政法人とは

　独立行政法人とは，国民生活及び社会経済の安定等の公共上の見地から確実に実施されることが必要な事務及び事業であって，国が自ら主体となって直接に実施する必要のないもののうち，民間の主体に委ねた場合には必ずしも実施されないおそれがあるもの又は一の主体に独占して行わせることが必要であるものを効率的かつ効果的に行わせることを目的として，独立行政法人法の定めるところにより設立される法人をいう（独立行政法人通則法2）。

(2) 独立行政法人の具体例

　独立行政法人は，2015年4月1日現在，98の独立行政法人があり，そのうち，7独立行政法人が特定独立行政法人（職員が国家公務員），残り91が非特定独立行政法人（職員が非公務員）である。主なものとしては次のようなものがある。

(1) 国立公文書館
(2) 国民生活センター
(3) 統計センター
(4) 国際協力機構
(5) 造幣局
(6) 国立印刷局
(7) 国立科学博物館

(8) 国立美術館
(9) 科学技術振興機構
(10) 理化学研究所
(11) 宇宙航空研究開発機構
(12) 日本スポーツ振興センター
(13) 国立病院機構
(14) 国立がん研究センターなど

(3) 地方独立行政法人とは

　地方独立行政法人とは，住民の生活，地域社会及び地域経済の安定等の公共上の見地からその地域において確実に実施されることが必要な事務及び事業であって，地方公共団体が自ら主体となって直接に実施する必要のないもののうち，民間の主体に委ねた場合には必ずしも実施されないおそれがあるものと地方公共団体が認めるものを効率的かつ効果的に行わせることを目的として，地方独立行政法人法の定めるところにより地方公共団体が設立する法人をいう。この地方独立行政法人で，次の業務を主たる目的とするものが特定公益増進法人に該当する（地方独立行政法人法2，21）。県立病院機構等が典型例である。

(1) 試験研究を行うこと
(2) 主として事業の経費をその事業の経営に伴う収入をもって充てる事業で，次に掲げるものを経営すること
　① 水道事業（簡易水道事業を除く）
　② 工業用水道事業
　③ 軌道事業
　④ 自動車運送事業
　⑤ 鉄道事業
　⑥ 電気事業
　⑦ ガス事業
　⑧ 病院事業など
(3) 社会福祉事業を経営すること

(4) 公共的な施設の設置及び管理を行うこと
③ 「主たる目的である業務に関連する寄附金」
　特定公益増進法人に対する寄附金に該当するためには，特定公益増進法人の「主たる目的である業務に関連する寄附金」であることが要件とされているが，これに該当するかどうかは，その法人の募金趣意書，事業計画書，募金計画書の写し等を総合勘案して判定する（法基通9－4－7）。この要件に該当することを証するには，実務上は，「主たる目的である業務に関連する寄附金」である旨の証明書を特定公益増進法人から交付を受け，その書類を寄附した法人が保存しておくことによる。

3　認定NPO法人に対する寄附金
① 認定NPO法人に対する寄附金
　認定特定非営利活動法人（以下「認定NPO法人」という。仮認定特定非営利活動法人を含む）に対する寄附金で，特定非営利活動に係る事業に関連する寄附金の額については，特定公益増進法人に対する寄附金とする（措法66の11の2②）。
② 認定NPO法人とは
　認定NPO法人とは，NPO法人のうち，平成23年6月に成立し，平成24年4月に施行された改正特定非営利活動促進法（以下「改正NPO法」という）の一定の基準を満たすものとして都道府県の知事又は指定都市の長（以下「所轄庁」という）の認定を受けた法人をいう。
　認定NPO法人は、平成27年7月10日現在で，認定NPO法人の数は全国で554法人，仮認定NPO法人の数は185法人である。
③ 認 定 基 準
　認定NPO法人になるためには，次の基準に適合する必要がある（改正NPO法45)[2]。

---

[2] (1)～(8)の基準を満たしていても（仮認定NPO法人は(1)を除く），欠格事由に該当するNPO法人は，認定（仮認定）を受けることができない。

(1) パブリック・サポート・テスト（PST）に適合すること（仮認定NPO法人は除く）
(2) 事業活動において，会員等に対する共益的な活動の占める割合が，50％未満であること
(3) 運営組織及び経理が適切であること
(4) 事業活動の内容が適正であること
(5) 情報公開を適切に行っていること
(6) 事業報告書等を所轄庁に提出していること
(7) 法令違反，不正の行為，公益に反する事実等がないこと
(8) 設立の日から1年を超える期間が経過していること

④ 国税庁長官の旧制度

　改正NPO法が平成24年4月1日から施行されたことにより，国税庁長官が認定する認定制度（「旧制度」という）が廃止され，所轄庁が認定する新たな認定制度となった。国税庁長官の認定を受けた旧制度の認定NPO法人のその認定の有効期間は，従前どおり「国税庁長官の定める日から5年間」とされている（改正NPO法附則10）。したがって，旧制度に基づき国税庁長官の認定を受けた旧認定NPO法人のその認定の有効期間については，改正NPO法が施行された平成24年4月1日に終了するものではなく，認定を受けた有効期間終了までは旧制度の適用がある。

4　認定特定公益信託に対する寄附金

① 特定公益信託

　内国法人が特定公益信託の信託財産とするために支出した金銭の額は，寄附金の額とみなして，本条第1項の一般の寄附金の額とされる（法法37⑥）。特定公益信託は，信託法に規定する公益信託で信託の終了の時における信託財産がその信託財産に係る信託の委託者に帰属しないこと，受託者が信託会社であること，及び信託財産として受け入れる財産は金銭に限られたものであることなど一定の要件を満たすものであり，そのことについて主務大臣の証明を受けたものである（法令77の4①，②）。

② 認定特定公益信託に対する寄附金

　認定特定公益信託とは，特定公益信託のうちその目的が教育又は科学の振興，文化の向上，社会福祉への貢献その他公益の増進に著しく寄与する特定公益信託で，その目的に関し相当と認められる業績が持続できることにつき，その特定公益信託に係る主務大臣の認定を受けたもの（その認定を受けた日の翌日から5年を経過していないものに限る）をいう。認定特定公益信託の信託財産とするために支出した金銭の額については寄附金の額とみなし，特定公益増進法人に対する寄附金の額とする（法法37⑥後段）。

Ⅲ　公益法人等のみなし寄附金

1　公益法人等のみなし寄附金の意義

　公益法人等がその収益事業に属する資産のうちからその収益事業以外の事業のために支出した金額は，その収益事業に係る一般の寄附金の額とみなして，寄附金の損金算入限度額の規定を適用する（法法37⑤）。

　なお，公益社団法人又は公益財団法人にあっては，その収益事業に属する資産のうちからその収益事業以外の事業で公益に関する事業（公益目的事業）に該当するもののために支出した金額は，その収益事業に係る一般の寄附金の額とみなし，その損金算入限度額は次の算式で計算する（法令73①二イ）。

　　その事業年度の所得の金額 × $\dfrac{50}{100}$

　　（公益社団法人等の公益法人特別限度額がこの金額を超える場合は当該公益法人
　　　特別限度額とする）

2　公益社団法人等の寄附金の損金算入限度額の特例計算

①　公益法人特別限度額

　公益社団法人又は公益財団法人の収益事業に係るみなし寄附金額がある場合において，その事業年度のその公益目的事業の実施のために必要な金額として所定の方法で計算される金額（「公益目的事業実施必要額」という）とみなし寄附金額のうちいずれか少ない金額（公益法人特別限度額）が，公益社団法

人等の通常の寄附金の損金算入限度額である「その事業年度の所得の金額×50／100」を超えるときは，その公益社団等の寄附金の損金算入限度額は，公益法人特別限度額とされる（法令73の2）。

　この損金算入限度額の計算特例の規定を適用するには，確定申告書等に公益法人特別限度額及びその計算に関する明細書（法人税別表十四(二)付表）の添付がある場合に限り適用される（法令73の2②）。

② 公益法人特別限度額の計算例

　公益法人特別限度額の具体的計算例を次に掲げる。

【計算の前提資料】

(1) A公益財団法人のみなし寄附金の額
　　1,300万円

(2) 公益目的事業実施必要額
　　②－①＝1,200万円
　① 当期の公益目的事業の収入額　　5,000万円
　② 当期の公益目的事業の費用額　　6,200万円

(3) みなし寄附金以外の寄附金の支出額
　　100万円

(4) 該当事業年度の所得金額
　　（別表四25仮計①）　200万円

【上記の場合の公益法人特別限度額・損金不算入額の計算】

(1) みなし寄附金　1,300万円

(2) 公益目的事業実施必要額　1,200万円

(3) 公益法人特別限度額
　　いずれか少ない金額　1,200万円

(4) 支出寄附金の額
　　1,300万円＋100万円＝1,400万円

(5) 寄附金支出前所得金額
　　200万円＋1,400万円＝1,600万円

(6) 公益社団法人等の通常の寄附金の損金算入限度額

$(5) \times \dfrac{50}{100} = 800万円$

(7) 損金算入限度額

(3)と(6)のいずれか多い金額　1,200万円

(8) 損金不算入額

1,400万円－1,200万円＝200万円

公益社団法人等の公益法人特別限度額の適用がある場合の別表十四（二）の記載例・一部抜粋別

	公益法人等の場合		円
損金算入限度額の計算	支出した寄附金の額	長期給付事業への繰入利子額　25	
		同上以外のみなし寄附金額　26	13,000,000
		その他の寄附金額　27	1,000,000
		計 (25)＋(26)＋(27)　28	14,000,000
	所得金額仮計（別表四「25の①」）　29		2,000,000
	寄附金支出前所得金額 (28)＋(29)（マイナスの場合は０）　30		16,000,000
	同上の $\dfrac{20又は50}{100}$ 相当額　31		8,000,000
	公益社団法人又は公益財団法人の公益法人特別限度額（別表十四（二）付表「3」）　32		12,000,000
	長期給付事業を行う共済組合等の損金算入限度額 ((25)と融資額の年5.5％相当額のうち少ない金額)　33		
	損金算入限度額 (31)、((31)と(32)のうち多い金額)又は((31)と(33)のうち多い金額)　34		12,000,000
	指定寄附金等の金額（41の計）　35		0
	国外関連者に対する寄附金額及び完全支配関係がある法人に対する寄附金額　36		0
損金不算入額	(28)の寄附金額のうち同上の寄附金以外の寄附金額 (28)－(36)　37		14,000,000
	同上のうち損金の額に算入されない金額 (37)－(34)－(35)　38		2,000,000
	国外関連者に対する寄附金額及び完全支配関係がある法人に対する寄附金額　39		0
	計 (38)＋(39)　40		2,000,000

＊上記「32」の金額は別表十四（二）付表により計算される。したがって別表十四（二）付表の添付が必要です。

3　認定NPO法人におけるみなし寄附金の適用

① 認定NPO法人におけるみなし寄附金の適用

認定NPO法人については，上記Ⅰの公益法人等のみなし寄附金の適用がある（措法66の11の2①）。すなわち，認定NPO法人がその収益事業に属する資産のうちからその収益事業以外の事業で特定非営利活動に係る事業のために支出した金額は，その収益事業に係る一般の寄附金の額とみなして，寄附金の損金算入限度額の規定を適用するものとされている。

② 認定NPO法人の損金算入限度額

認定NPO法人の一般の寄附金の額の損金算入限度額の計算は，次の算式により計算される（措令39の23）。すなわち，学校法人等，社会福祉法人等と同様の取扱いとされている。

$$その事業年度の所得の金額 \times \frac{50}{100}$$

（この金額が年200万円に満たない場合には，年200万円）

③ 認定取消しとみなし寄附金の収益認定

認定NPO法人がその認定を取り消された場合には，その取消しの基因となった事実があった日を含む事業年度からその取消しの日を含む事業年度の前事業年度までの各事業年度（その取消しの日を含む事業年度終了の日前7年以内に終了した各事業年度に限る）においてその収益事業に属する資産のうちから支出したみなし寄附金の額で各事業年度の所得の金額の計算上損金の額に算入された金額の合計額は，その法人のその取消しの日を含む事業年度において行う収益事業から生じた収益の額とみなすこととされる（措法66の11の2③）。

この場合において，その法人がその取消しの日に収益事業を行っていないときは，その法人は，その取消しの日において新たに収益事業を開始したものとみなし，収益の額を認識する。

認定の取消の事実があった日から実際の取消のあった日までに期間的ずれがあった場合には，その期間の間は，実質的には認定NPO法人の要件に該当していなかったのであるから，既に損金の額に算入されたみなし寄附金の額について収益の額に戻して適用がなかったものと同様にする措置である。

補章

企業版ふるさと納税

個人におけるふるさと納税が評判になったことを受け、地方創生応援税制としてふるさと納税の企業版が創設された。地方公共団体が行う、地方創生を推進する上で効果の高い一定の事業に対して法人が行った寄附について、法人事業税・法人住民税及び法人税の税額控除が平成28年度税制改正により創設される。地域再生法の改正法の施行日から適用になる。

I 企業版ふるさと納税の創設

地方創生の一環として地域再生法の改正を前提として、地方公共団体が地方創生のための地域総合戦略を企画し、その計画について国の認定を受けた場合、この認定を受けた事業について企業の寄付を募り、事業の円滑な遂行を実現しようとしている。

この認定を受けた地方創生事業への企業による寄附を促進するための税制措置として、企業版ふるさと納税制度を創設する。

例えば地元大学生の地元就業を支援するプロジェクトを立ち上げ、これにより地元大学生の地元就業数の増加を企図する活動や地域の森林資源を観光資源化して、新たな木材需要を喚起するプロジェクトを行う活動などが考えられる。企業版ふるさと納税制度の創設は、これらのプロジェクトに企業が寄付を行うことを、税制面から支援するものである。

個人版のふるさと納税が評判を呼んでヒットしたことにヒントを得て一部の政治家が中心になって提唱し，創設されたものといわれているが，この制度が個人版と同様にヒットするのには，地方公共団体の相当の企画力が必要になると考えられる。

Ⅱ 企業版ふるさと納税の概要

1 地方税における税額控除

① 税額控除の概要

地域再生法の改正を前提に，青色申告書を提出する法人が，地域再生法の改正法の施行の日（平成28年4月1日の予定）から平成32年3月31日までの間に，地域再生法の認定地域再生計画に記載された同法の地方創生推進寄附活用事業（仮称）に関連する寄附金を支出した場合には，法人事業税及び法人住民税から次のとおりそれぞれ税額控除ができるようになる。

(1) 平成29年3月31日までに開始する事業年度については，企業が上記の事業に寄附した金額の合計額（以下「寄附金合計額」という）について，次のように各種の法人地方税額から控除ができるものとする。

① 寄附金合計額の10％をその事業年度に係る法人事業税額から税額控除ができる。ただし，控除税額は，当期の法人事業税額の20％を上限とする。

② 寄附金合計額の5％をその事業年度に係る法人道府県民税法人税割額から，寄附金合計額の15％をその事業年度に係る法人市町村民税法人税割額からそれぞれ税額控除ができる。ただし，控除税額は，当期の法人道府県民税法人税割額の20％，法人市町村民税法人税割額の20％を上限とする。

(2) 平成29年4月1日以後に開始する事業年度については，寄附金合計額について次のように各種の法人地方税額から控除ができるものとする。

① 寄附金合計額の10％をその事業年度に係る法人事業税額から税額控除ができる。ただし，控除税額は，当期の法人事業税額の15％を

上限とする。
　②　寄附金合計額の2.9％をその事業年度に係る法人道府県民税法人税割額から，寄附金合計額の17.1％をその事業年度に係る法人市町村民税法人税割額からそれぞれ税額控除ができる。ただし，控除税額は，当期の法人道府県民税法人税割額の20％，法人市町村民税法人税割額の20％を上限とする。
　　なお，2以上の都道府県又は2以上の市町村に事務所又は事業所を有する法人の関係都道府県又は関係市町村ごとの控除税額については，法人事業税からの控除税額は課税標準額を基準として按分し，法人住民税からの控除税額は従業者数を基準として按分することとする。
②　対象地方公共団体等
　(1)　対象となる地方公共団体から3大都市圏にある交付税不交付団体は除外される。
　(2)　法人の本店所在地の地方公共団体への寄附金は除外される。
③　禁止行為
　次のような行為は禁止される。
　(1)　地方公共団体が，寄附を行う企業に対し，寄附額の一部を補助金として供与する行為。
　(2)　入札や許認可で便宜を図る等，寄附の代償として経済的利益を与える行為。
④　寄附額
　寄附額の下限は1企業における1事業当たり10万円とする。

2　法人税における税額控除

　地域再生法の改正を前提に，青色申告書を提出する法人が，地域再生法の改正法の施行の日から平成32年3月31日までの間に，地域再生法の認定地域再生計画に記載された同法の地方創生推進寄附活用事業（仮称）に関連する寄附金を支出した場合には，その支出した寄附金合計額のうち，次のいずれか少ない金額が税額控除できる。ただし，控除税額は，当期の法人税額の5％を上限

とする。
　(1)　（寄附金合計額×20％）－（その寄附金の支出について法人住民税額から税額控除される金額）
　(2)　寄附金合計額×10％

　すなわち，法人住民税から寄附金合計額の20％が控除しきれなかった場合には法人税から，当期の法人税額の5％を上限として税額控除するものである。

Ⅲ　税額控除計算の基本的仕組み

【計算の前提資料】
(1)　法人の所得金額　2,000万円
(2)　企業版ふるさと納税・寄附金合計額　　50万円
(3)①　法人税額　　　400万円
　②　法人事業税　　　192万円
　③　法人県民税・法人税割額　　4万円
　④　法人市民税・法人税割額　　24万円
　（注）　上記各税額は仮定の上の税額である（基本的には平成29年度の税率を想定しているが正確な計算ではなく，万円単位の概算数である）。

【企業版ふるさと納税に係る税額控除額の計算】
　(1)　法人事業税からの税額控除額
　　①　寄附金合計額×10％＝5万円
　　②限度額：法人事業税額×15％＝28.8万円
　　③　いずれか少ない金額　5万円
　(2)　法人県民税法人税割額からの税額控除額
　　①　寄附金合計額×2.9％＝1.45万円
　　②　限度額：法人税割額×20％＝0.8万円
　　③　いずれか少ない金額　0.8万円

(3) 法人市民税法人税割額からの税額控除額
　① 寄附金合計額×17.1％＝8.55万円
　② 限度額：法人税割額×20％＝4.8万円
　③ いずれか少ない金額　4.8万円
(4) 法人税額からの税額控除額
　① 寄附金合計額×20％－(0.8＋4.8)＝4.4万円＜寄附金合計額×10％
　　＝5万円　　∴　4.4万円
　② 限度額：法人税額×5％＝20万円
　③ いずれか少ない金額　4.4万円
(5) 税額控除の合計額
　　(1)～(4)の合計額＝15万円　→　寄附金合計額の30％
　（注）　上記計算において端数は適宜に処理してある。

企業版ふるさと納税の税額控除額の概要

所得が大きい法人	法人税	住民税 事業税	事業税(10％)	住民税(20％税額控除)	（法人の自己負担）
所得が小さい法人	法人税	住民税 事業税	事業税(10％)	住民税(上限) 法人税	（法人の自己負担）

損金算入による負担軽減　　新たな税額控除

索　引

【あ】

一段階説 …………………………… 55,118
一段階目の調整 …………………………… 126
一般の寄附金の額 …………………………… 13
一般の寄附金の普通法人に係る
　損金算入限度額 …………………………… 41
移転価格事務運営要領 …………………………… 134
移転価格税制 ………………… 119,128,137
移転価格税制の適用関係の諸説 ………… 131
移転資産に対する支配の継続 …………… 118
旺文社事件 …………………………… 74
オリエンタルランド事件 …………………………… 95

【か】

海外在籍出向者 …………………………… 111
開発土地の取得価額 …………………………… 164
開発負担金等 …………………………… 163
較差補填以外の給与負担金 …………… 112
較差補填金 …………………………… 109
各都道府県共同募金会 …………………………… 169
隠れた払込み …………………………… 56
隠れた利益配当 …………………………… 58
貸倒損失 …………………………… 60
家族手当等の国内払い給与 …………… 112
かっこ書きの除外費用 …………………………… 61
株式の簿価修正 ………… 56,125,126,149
株主活動 …………………………… 141
簡易な移転価格調査 …………………………… 139
関係会社間での利益移転 …………………………… 57
関係会社間取引による利益移転の防止 … 44
企業版ふるさと納税 …………………………… 183

擬似DES …………………………… 78
寄附金課税制度の趣旨 …………………………… 16
寄附金課税と交際費課税の区分 ………… 91
寄附金課税と交際費課税の実務上の
　効果 …………………………… 93
寄附金から除外される費用 …………………………… 90
寄附金除外のかっこ書き …………………………… 91
寄附金の広範性 …………………………… 22
寄附金の損金不算入 …………………………… 119
寄附金の損金不算入制度の趣旨 ………… 14
寄附行為の主体 …………………………… 104
寄附修正 …………………………… 150
寄附修正事由 …………………………… 124,149
寄附主体の事実認定 …………………………… 104
寄附の受入手続 …………………………… 105
寄附の動機 …………………………… 104
寄附募集者 …………………………… 105
基本三法 …………………………… 144
救済DES …………………………… 78
旧民法第34条法人 …………………………… 41
給与負担金 …………………………… 102
協賛金 …………………………… 166
国等に対する寄附金 ………… 5,157,150
国等に対する寄附金の損金算入 ………… 102
繰延資産 …………………………… 161
グループ会社間での役務提供 …………… 140
グループ法人税制 ………… 3,41,47,54
グループ法人税制の基本的考え方 ……… 117
グループ法人税制の趣旨 …………………………… 115
経営危機 …………………………… 67
経営指導料 …………………………… 102
経済的な利益の無償の供与 …………………………… 136

189

限定説	44,62,63
限定列挙説	25,31
県立病院機構	160
県立病院等	160
公益財団法人	41
公益社団・財団法人等の設立のためにされる寄附金	167
公益社団等の寄附金の損金算入限度額	180
公益社団法人	41
公益法人等が支出した寄附金の額	173
公益法人等のみなし寄附金	179
公益法人特別限度額	179,180
公益目的事業実施必要額	179,180
公益目的事業の収入額	180
公益目的事業の費用額	180
高額譲渡	29
公共的施設	161
公共道路用地	164
交際費課税の趣旨	87
交際費等と寄附金課税	87
交際費等の3要件	92
交際費等の意義	87
交際費等の該当要件	89
公正処理基準	19
購買力補償方式	111
合理性の要件	31,140
合理的な再建計画	64
子会社整理	58
子会社等再建支援損失	122
子会社等整理損失	122
国外関連取引	128
告示番号	159
国税庁長官が認定する認定制度	178
個別帰属額	155
個別指定の指定寄附金	169

【さ】

再建支援に伴う損失負担	58
債権の現物出資	78
債権放棄	59
財務大臣が指定	167
債務の引受け	59
三重課税	53
時価との差額	30
時価取引と金銭贈与	130
事業関連性基準	20
事業関連説	24,27,90
試験研究法人に対する寄附金	35
自己株式の取得	79
自己株式の取得の処理（通常の時価取得の場合）	79
自己株式の取得の処理（低額譲渡の場合）	80
自己株式の性格	79
自己が便益を受ける公共的施設	161
資産の取得価額に算入	162
支出の非対価性	25
事前確認手続	143
実質的に贈与	28,30
指定寄附金	5,157,167
指定寄附金等に関する明細	159
指定寄附金の審査事項	167
資本基準	49,145
事務運営指針2－19	138
収益事業に係る一般の寄附金	6
受贈益の益金不算入	119
主たる目的である業務に関連する寄附金	177
出向先法人	109
出向者	102,109
出向者に対する較差補填の例	110
出向等に伴う給与負担金	108

索　引

出向等に伴う退職給与負担金	113
出向元法人	108,109
昭和38年整備答申	15
昭和40年法人税法全文改正	37
所得移転	118,126
所得基準	49,145,118
所得振替防止機能	119
申告書記載要件	159
神社への高額な寄附金	98
正常な取引条件	62,63
相互協議	143
相当性	64,67
相当な理由	64
贈与の意思	10,30
措置法第66条の4第3項の趣旨	129
損金算入限度額が多額にある場合	49
損金算入限度額の改正	41

【た】

対応的調整	119,122
第三者有利発行増資	71
多段階にわたる投資簿価修正	149
短期滞在者免税	111
短期滞在者免税の要件	111
地方開発事業団	160
地方公共団体	160
地方公共団体の組合	160
地方創生事業	183
地方創生推進寄附活用事業	184
地方独立行政法人	160,176
中小企業再生支援協議会	70
重複活動	141
通常かつ必要な費用	18
低額譲渡	27
適用額の制限	158
倒産の危機	67
投資保全費用	31

当初申告要件	158
同族会社の行為計算否認	106
特定公益信託	8,178
特定公益信託に該当する信託の信託財産とするために支出した金額	8
特定公益増進法人	174
特定公益増進法人等に係る寄附金の損金算入限度額	40
特定公益増進法人に対する寄附金	35,38,171,179
特定公益増進法人に対する寄附金の額	6,12
特定公益増進法人に対する寄附金の特別損金算入限度額	172
特定公益増進法人の設立前においてされる寄附金	167
特定目的会社	150
特別損金算入限度額	171
独立企業間価格	128,144
独立行政法人	175
独立行政法人の具体例	175
土地の取得価額	164
トンネル寄附金	160

【な】

内国歳入法典第162条(a)	18
二次調整	56
二段階説	55
二段階調整の不完全性	126
二段階目の調整	126
日本私立学校振興・共済事業団	168
日本赤十字社	169
認定NPO法人に対する寄附金	177
認定NPO法人に対する寄附金におけるみなし寄附金	182
認定出資	56
認定特定公益信託	8,179

認定配当	56,122	無償の役務提供	48,51
		無償の経済的利益の供与	25
【は】		無償の資産の譲渡	25
パソコンの寄贈	166	無利息融資	124
払込価額の決定日の現況における			
発行法人の株式の価額	72	【や】	
東日本大震災にかかる指定寄附金	170	役員が負担すべき寄附金	103
非事業関連説	24,27,90	役員等が個人として負担すべきもの	102
非対価説	9,25,27,90	役員等のための個人的費用	102
必要性	64,67	用水路整備費用	161
100％グループ内寄附金税制	116		
普通法人の損金算入限度額	14	【ら】	
振替えの防止	126	利益移転防止機能	46
不利発行増資	75	利益処分により支出	38
文化財の修理	169	利益処分により支出した寄附金	40
包括指定の指定寄附金	168	利益又は剰余金の処分による経理	2
法人が損金として支出した寄附金	102	両建処理	52,124
法人税基本通達9－4－1	59,60	留守宅手当等	110
法人税基本通達9－4－2	59,60	例示説	25,31
法人税法第22条第2項と寄附金課税		連結親法人	145
	44,56,86	連結親法人の連結個別資本金等の額	152
法人税法第22条第2項の無償取引規定	45	連結完全支配関係	145
法人税法の時価	144	連結子法人	145
法人による完全支配	120	連結事業年度の連結所得金額	152
簿価修正	124	連結除外法人	149
本来の業務に付随した役務提供取引	139	連結納税制度	39
		連結納税制度における寄附金の額	151
【ま】		連結納税制度における寄附金の	
萬有製薬事件	93	損金算入限度額計算	152
みなし寄附金の収益認定	182	連結納税制度における寄附修正	149
みなし譲渡課税	81	連結納税における簿価修正	150
民事再生法の法的整理	70	連結法人	145
無限定説	44,45	連結法人間の寄附金	146,147
無償性の要件	140	連結法人税の個別帰属額	147
無償による資産の譲受け	51	連結法人に対して支出した寄附金	39

【著者プロフィール】

藤曲　武美（ふじまがり　たけみ）

税理士（東京税理士会・豊島支部）
昭和63年税理士登録
平成3年藤曲税理士事務所開業現在に至る
（現在の活動等）
東京税理士会・日本税務会計学会副学会長
租税訴訟学会（山田二郎会長）理事
青山学院大学大学院法学研究科（ビジネス法務専攻科）非常勤講師
早稲田大学大学院法務研究科（法科大学院）非常勤講師
東京税理士会・会員相談室相談委員
（最近の著書等）
『新訂・税の基礎』（経済法令研究会）
『平成28年度　早わかり税制改正のすべて』（中央経済社）共著
『欠損金等をめぐる法人税実務Q&A』（ぎょうせい）共著
『事件記録に学ぶ税務訴訟』（判例タイムズ）共同編著
（財）日本税務研究センター編『税理士のための法律学講座』（（財）大蔵財協）共同執筆
その他税経通信，税務弘報等の月刊誌，雑誌等の論文執筆，税理士会等の研修講師など

著者との契約により検印省略

平成28年3月31日　初版第1刷発行	法人税実務の新基軸 **寄附金**

著　者　藤　曲　武　美
発行者　大　坪　嘉　春
印刷所　税経印刷株式会社
製本所　牧製本印刷株式会社

発行所	〒161-0033 東京都新宿区 下落合2丁目5番13号	株式 会社 税務経理協会
	振　替 00190-2-187408 ＦＡＸ (03)3565-3391	電話 (03)3953-3301（編集部） 　　 (03)3953 3325（営業部）

URL　http://www.zeikei.co.jp/
乱丁・落丁の場合は、お取替えいたします。

Ⓒ　藤曲武美　2016　　　　　　　　　　　　　　　Printed in Japan

本書の無断複写は著作権法上での例外を除き禁じられています。複写される場合は、そのつど事前に、（社）出版者著作権管理機構（電話 03-3513-6969，FAX 03-3513-6979, e-mail：info@jcopy.or.jp）の許諾を得てください。

JCOPY ＜（社）出版者著作権管理機構 委託出版物＞

ISBN978-4-419-06295-8　C3032